www.ingramcontent.com/pod-product-compliance
Lightning Source LLC
LaVergne TN
LVHW010056061026
849532LV00007BA/2436
* 9 7 8 9 3 6 9 0 8 1 8 5 1 *

اردو کی بات

(حصہ دوم / مضامین)

مرتبہ:

مکرم نیاز

Urdu ki baat : Part-2 (Essays)

by: Mukarram Niyaz

Edition: November '2025

Publisher :

Taemeer Publications LLC (Michigan, USA / Hyderabad, India)

ISBN 978-93-6908-185-1

کتاب	:	**اردو کی بات (حصہ: دوم)** (مضامین)
مرتب	:	**مکرم نیاز**
صنف	:	تحقیق و تنقید
ماخذ	:	بشکریہ: الف یار ویب سائٹ [www.alifyar.com]
ناشر	:	تعمیر پبلی کیشنز (حیدرآباد، انڈیا)
سالِ اشاعت	:	۲۰۲۵ء
صفحات	:	۱۴۸
سرورق ڈیزائن	:	تعمیر ویب ڈیزائن

فہرست

ا

انتظار حسین اور اردو رسم الخط

محمد خلیل الرحمن

اردو کے بہت بڑے افسانہ نگاروں میں انتظار حسین کا نام یقیناً شامل ہوتا ہے۔ ان کا اپنا ایک خاص اندازِ تحریر ہے جو ہمیں بے حد پسند ہے۔ گزشتہ دنوں محمد خالد اختر کی کتاب " مکاتیبِ خضر " خریدی اور اس میں انتظار حسین کے نام حضرتِ خضر کا خط پڑھ کر طبیعت باغ باغ ہو گئی۔ انتظار حسین کی تحریر کا کیا خوب نقشہ کھینچا ہے۔ خالد نے انہیں " رِپ وین ونکل " سے تشبیہ دی ہے کہ عین ان کی تحریر کا نقشہ کھینچ دیا ہے۔ خوب۔

حال ہی میں انتظار حسین کا مشہور افسانہ " شہر زاد " کی موت پڑھا۔ کیا خوبصورت افسانہ ہے۔ جب تک شہر زاد موت کے ڈر سے کہانیاں سوچتی رہی، اس کے اندر کی تخلیق کار زندہ رہی۔ جوں ہی موت کا خوف ختم ہوا، کہانیاں تخلیق کرنا ختم۔ شہر زاد گویا مر گئی۔ ہمیں ان کا یہ نکتہ بہت خوب صورت لگا۔ جب تک انسان سوچنے کے قابل ہے، تخلیق کرنے کے قابل ہے۔ جب سوچنا چھوڑ دیا گویا موت سے پہلے ہی مر گئے۔

سرِ دست انتظار حسین کی کتاب " علامتوں کا زوال " سے ایک مضمون رسم الخط اور پھول پر بات کرنے کو جی چاہتا ہے۔ لکھتے ہیں۔

"بات ہے رسم الخط کی لیکن معاف کیجیے مجھے ایک اشتہاری اعلان یاد آرہا ہے، جو

سن لائٹ صابون بنانے والوں کی طرف سے نشر ہوا ہے۔ سن لائٹ کی کسی ٹکیا میں انہوں نے ایک چابی چھپا کر رکھ دی ہے۔ جس کسی خریدار کی ٹکیا سے یہ چابی نکلے گی، اسے وہ ایک موٹر انعام دیں گے۔ اس اعلان کے بعد سے پاکستان کے شہروں میں سن لائٹ صابون بہت بکتا شروع ہو گیا ہے اور مولانا محمد حسین آزاد نے یہ بتایا تھا کہ نئے انداز کی خلعتیں اور زیور جو آج مناسبِ حال ہیں، انگریزی صندوقوں میں بند ہیں، ان صندوقوں کی کنجی انگریزی دانوں کے پاس ہے۔

یہاں تک تو "ولے بخیر گزشت" کہ علومِ جدید حاصل کر کے دنیا کی برابری کرنے کا شوق کچھ برا بھی نہیں۔ جب تک مسلمانوں کے پاس علم تھا، دوسری قومیں ان کی زبان سیکھ کر ان سے علم حاصل کرنے کو بھی جائز سمجھتی تھیں۔ آج مغرب کے پاس علم ہے جسے ہم ان کی زبان کے ذریعے حاصل کریں تو اس میں کوئی حرج نہیں۔"

آگے چل کر اسی سے ایک ایسا نکتہ نکالتے ہیں جسے پڑھ کر انسان جھوم جائے۔

"اصل میں ہم پچھلے سو سال سے مغرب سے صابون کی ٹکیاں خرید رہے ہیں اور ان صندوقوں کی کنجی کی تلاش میں ہیں جن میں نئے علوم بند ہیں، تازہ خبر یہ ہے کہ یہ کنجی رومن رسم الخط کی ٹکیا میں بند ہے۔

لاٹری کے ذریعے دولت تو حاصل کی جا سکتی ہے۔ مگر ہم علم بھی لاٹری ہی کے ذریعے حاصل کرنے کی فکر میں ہیں۔

ہم نے اردو میڈیم سے میٹرک کیا تھا لہٰذا اردو ہی سے شغل رہا اور فارسی رسم الخط ہی میں اردو پڑھی اور لکھی۔ فارسی رسم الخط جیسے ہمارے خون میں رچی بسی ہے۔ نیا زمانہ آیا، انگریزی زبان ذریعۂ تعلیم بنا تو ہم نے اپنے ہی بچوں کو رومن میں اردو لکھتے دیکھا۔ پھر کمپیوٹر اور موبائل آئے تو تب بھی اردو لکھنے کے لیے رومن رسم الخط ہی کو استعمال کیا

جاتا۔ یہی زمانہ تھا جب رسم الخط تبدیل کرنے کی باتیں شروع ہوئیں۔ یوں دو طبقہ ھائے خیال بن گئے۔ ایک وہ جو فارسی رسم الخط ہی کو بہتر سمجھتے تھے۔ دوسرا گروہ رومن رسم الخط کو اپنا کر دنیا کے ساتھ چلنا چاہتا تھا۔"

انتظار حسین کیا چھا لکھتے ہیں۔

" آدمی نے پہلی پہل براہِ راست چیزوں کی تصویریں بنا کر صرف مطلب کا اظہار کیا۔ یہ تصویریں تجریدی رنگ میں ڈھلتے ڈھلتے رسم الخط بن گئیں۔ اب یہ تصویریں رسم الخطوں کی تہوں میں اسی طرح پیوست ہیں جس طرح اجتماعی لاشعور میں قدیم شکلیں اور تشبیہات مدفون رہتی ہیں۔"

آگے لکھتے ہیں

" عربی و فارسی رسم الخط ہماری تہذیب کی وہ شکل ہے جو اس کی بنیادی وحدت کے نشان کا مرتبہ رکھتا ہے۔ لیکن اگر ہماری تہذیب کی دوسری شکلیں جا رہی ہیں تو یہ نشان کب تک کھڑا رہے گا۔ اور اگر یہ نشان گر گیا تو تہذیب کی باقی شکلیں کتنے دن کی مہمان ہیں۔

یہ وہ زمانہ تھا جب یار لوگ ترکی کی مثالیں دیا کرتے تھے کہ جوں ہی ترکی نے اپنا رسم الخط بدلا، ترقی کی راہ پر گامزن ہو گیا۔ ہمیں بھی چاہیے کہ فوراً اردو کا رسم الخط فارسی سے تبدیل کر کے رومن رسم الخط اپنا لیں، یوں وہ بچے جو انگریزی میں تعلیم حاصل کر رہے ہیں، کم از کم اپنی زبان سے تعلق رکھ پائیں گے۔ نیز سونے پر سہاگہ یہ کہ کمپیوٹر پر اردو لکھنے کا کوئی طریقہ نہیں تھا۔ گوروں سے کوئی امید نہیں تھی کہ ھندی اور چائینیز کی طرح کمپیوٹر پر اردو بھی لے آئیں گے۔ مائیکروسوفٹ نے کچھ ہمت کر کے شاید ونڈوز اردو میں بنالی تھی لیکن پاکستان میں کوئی اسے خریدنے پر تیار نہ ہوا۔ ہم تو مفت سوفٹ

وئیر اپنے کمپیوٹر پر انسٹال کرنے کے ہمیشہ سے عادی ہیں۔ ایک زمانے میں کراچی میں ہر قسم کا سوفٹ وئیر، ڈسک پر کاپی کر کے بیچا جاتا۔ یہ سستا حل ہم پاکستانیوں کو بہت بھاتا۔"

انتظار حسین نے رسم الخط کو پھولوں سے تشبیہ دی ہے، فارسی رسم الخط جو ہماری رگوں میں دوڑ رہا تھا، اسے دیسی پھولوں اور رومن رسم الخط کو بدیسی پھولوں سے۔ کہتے ہیں:

"جب باغیچوں سے ان کے اپنے پھول رخصت ہو جائیں اور پرائے پھول کھلنے لگیں تو یہ وقت اس زمین کی پوری تہذیب پر بھاری ہوتا ہے۔ رسم الخط اپنی جگہ کوئی چیز نہیں ہے۔ وہ تہذیب کا حصہ ہوتا ہے۔ یہ تہذیب شکلوں کے ایک سلسلے کو جنم دیتی ہے۔ یا پہلے سے موجود شکلوں کو ایک نئی معنویت دے دیتی ہے۔"

آگے اپنی بحث کے اختتام پر لکھتے ہیں:

"انگریزی پھول اور رومن حروف اجنبی زمینوں سے آئے ہیں۔ ہمیں ان سے مہک نہیں آتی۔"

آج موبائل کے تقریباً ہر سسٹم اور سوفٹ وئیر پر اردو کی بورڈ کی سہولت موجود ہے۔ آج بچہ بچہ اردو لکھ اور پڑھ سکتا ہے۔ اردو میں میسج اور واٹس ایپ میسج لکھنا ایک عام سی بات ہوگئی ہے۔ ہمیں خوشی ہے کہ ہم اس خوفناک دور سے کوسوں نہیں میلوں اور صدیوں دور نکل آئے ہیں جب رومن رسم الخط کو اپنانے کی بات ہوتی تھی۔ اب اردو کا عربی ورسم الخط ہی زندہ رہنے والا ہے۔ اب ہمیں نہ آرٹ بیسڈ ان پیج چاہیئے نہ ہی اردو ونڈوز۔ اب اسی سسٹم میں رہتے ہوئے ہم کمپیوٹر، اور موبائل ہر جگہ اردو لکھ اور پڑھ سکتے ہیں۔ انتظار حسین زندہ ہوتے تو اس صورت حال پر بہت خوش ہوتے۔

***

۲

اردو کا پہلا کامیاب ناول: امراؤ جان ادا

محسن عباس محسن

اردو ادب میں ناول نگاری کا آغاز ڈپٹی نذیر احمد کے ناول مراۃالعروس سے ہوتا ہے لیکن ناقدین کے مطابق یہ ناول کم اور اصلاح معاشرہ کی تحریر زیادہ لگتا ہے۔ مرزا ہادی رسوا کا ناول "امراؤ جان ادا" کو اردو ادب کا پہلا کامیاب ناول سمجھا جاتا ہے۔ مرزا ہادی رسوا نے اسے

۱۸۹۹ء میں لکھا۔ اس ناول کو معاشرتی، نفسیاتی اور تاریخی ناولوں میں اہم مقام حاصل ہے اس کی اہمیت کا اندازہ اس سے بھی لگایا جاسکتا ہے کہ ایک صدی گزر جانے کے باوجود اس کو ذوق وشوق سے پڑھا جاتا ہے۔

ناول کا موضوع

اگر ہم اس ناول کے موضوع کی بات کریں تو ناقدین نے اس ناول کے دو موضوعات قرار دیے ہیں۔ کچھ ناقدین نے اس کا موضوع "طوائف" قرار دیا ہے جبکہ بعض نے لکھنؤ کے معاشرتی زوال کو اس ناول کا موضوع قرار دیا ہے۔ اب سوال یہ پیدا ہوتا ہے کہ اس ناول کا موضوع طوائف کیوں ہے تو وجہ یہ ہے کہ جس دور میں یہ ناول

لکھا گیا اس دور میں تہذیب کا گہوارہ طوائف اور طوائف کا کوٹھا تصور کیا جاتا تھا۔

ناول کی کہانی ایک طوائف امراؤ جان ادا کے گرد گھومتی ہے جو ایک شریف جمعدار کی بیٹی ہے اس کا اصل نام امیرن ہے۔ آٹھ سالہ امیرن کو اس کے محلے کا ڈاکو دگزارے ن جس کی امیرن کے باپ سے دشمنی ہوتی ہے،اسے اغواء کر کے لکھنؤ کی مشہور طوائف خانم جان کے کوٹھے پر فروخت کر دیتا ہے اور اس طرح وہ امیرن سے امراؤ جان ادا بن جاتی ہے امراو جان ادا کو اس دوران کئی مصیبتوں کا سامنا کرنا پڑتا ہے لیکن آخر میں دلاور خان پکڑا جاتا ہے اور امراؤ جان ادا کربلا معلی کی زیارت کر کے صوم و صلوٰۃ کی پابند ہو کر خاموش زندگی بسر کرنا شروع کر دیتی ہے۔ یعنی گمراہی کا راستہ چھوڑ کر سلامتی کا راستہ اپنا لیتی ہے

کردار

ناول میں بہت سے کردار ہیں۔ مگر امراو جان ادا کا کردار اردو ادب میں ایک اہم مقام رکھتا ہے۔ بقول ڈاکٹر میمونہ انصاری

"امراو جان کا کردار اردو زبان میں اہم ترین کردار ہے۔ یہ پہلا سنجیدہ کردار ہے جو اپنی زندگی کا ضامن ہے۔ اب اس کردار کا ثانی کردار پیدا نہیں ہوا"

دیگر اہم کرداروں میں خانم جان، بسم اللہ جان، خورشید جان، گوہر مرزا ،دلاور خان، پیر بخش ہوا حسینی اور نواب سلطان شامل ہیں

ناول کا پلاٹ انتہائی رواں دواں اور سیدھا سادہ ہے۔ ہر قسم کی پیچیدگی سے پاک ہے اور تمام واقعات میں ایک تسلسل پایا جاتا ہے۔ مرزا ہادی رسوا نے سادہ سلیس عبارت تحریر کی ہے تاکہ پڑھنے والے کو آسانی سے سمجھ آسکے۔ ناول میں قدم قدم پر بلا کی سنسنی خیزی پائی جاتی ہے اور واقعات کا بیان ایسا ہے کہ قاری کو تجسس میں ڈال دیتا ہے

ماحصل

فکری طور پر ناول امراؤ جان ادا بیک وقت سماجی، معاشرتی نفسیاتی اور تاریخی ناول ہے۔ یہ ایک حقیقی اور سچا ناول ہے جو ہمارے معاشرے میں موجود لوگوں کی نفسیات اور جذبات کی سچی عکاسی کرتا ہے۔ یہ لکھنؤ کے اس دور کی تاریخ بھی بیان کرتا ہے کہ کس طرح ایک طوائف کو مرکزی حیثیت حاصل تھی۔ کیونکہ امراء اپنے بچوں کی تعلیم و تربیت کے لیے طوائف کے پاس بھیجا کرتے تھے۔ یہی وجہ ہے کہ ناول نگار نے کہانی کے انداز میں معاشرے اور سماج کی عکاسی کرتے ہوئے طوائفوں کے کوٹھے کو مرکز بنا کر پڑھنے والوں کو بھی وہیں بٹھا کر پورے لکھنؤ کے در و دیوار اور گلی کوچے دکھائے ہیں۔ مجموعی طور پر ناول امراؤ جان ادا لکھنو کے معاشرتی زوال کی داستان ہے لیکن مرزا ہادی رسوا نے عورت کے لیے ایک پیغام بھی چھوڑا ہے کہ وہ ازدواجی زندگی اختیار کرتے ہوئے گھر کی چار دیواری میں پاکیزگی سے زندگی گزارے۔

***

۳

احمد مرزا جمیل کا اردو پر احسان

ملک محمد شاہد

انگریزی زبان کے لیے کمپیوٹر کی کتابت بہت سہل عمل تھا کیونکہ انگریزی کے ۲۶ حروف، لفظ بنانے کے دوران اپنی شناخت قائم رکھتے ہیں۔ لیکن اردو زبان میں یہ عمل بہت پیچیدہ ہو جاتا ہے۔ اردو زبان لکھتے وقت، جب حروف کو آپس میں ملایا جاتا ہے تو ان حروف کی ساخت میں واضح تبدیلی واقع ہو جاتی ہے۔ یہی وہ پیچیدگی تھی جس کی وجہ سے ۱۹۸۰ کے عشرے میں یہ سمجھا جاتا تھا کہ اردو زبان کو کمپیوٹر پر ٹائپ نہیں کیا جا سکتا۔ لیکن صرف ایک شخص "احمد مرزا جمیل" نے یہ ناممکن کام، ممکن کر دکھایا۔ اردو زبان پر ان کا یہ احسان ہمیشہ یاد رکھا جائے گا۔

جناب احمد مرزا جمیل کی ایجاد "نوری نستعلیق" اردو زبان اور صحافت کیلئے ایک عظیم کارنامہ ہے کیونکہ اس ایجاد نے اردو کی ترقی میں پر لگا دیئے ہیں۔ اردو رسم الخط کے بارے میں عام تاثر تھا کہ یہ جدید برقیاتی دور کا ساتھ نہیں دے سکتا لیکن نوری نستعلیق کی ایجاد نے اردو کی اس خامی کو دور کر دیا ہے۔ اردو زبان کا معروف سافٹ وئیر "ان پیج" (Inpage) اسی نوری نستعلیق کا ہی مرہون منت ہے۔

آج ہم جو بیشمار اردو اخبارات، جرائد و رسائل اور کتابیں بازار میں دیکھتے ہیں، اسی

ایجاد کی وجہ سے ممکن ہوئیں جس سے اس کی اہمیت کا اندازہ ہوتا ہے۔ دراصل اس ایجاد نے ہی اردو کی کمپیوٹری کتابت کا آغاز کیا۔ نوری نستعلیق کی سب سے اہم خوبی یہ ہے کم سے کم جگہ میں زیادہ سے زیادہ الفاظ سمٹ جاتے ہیں لیکن اس کے باوجود الفاظ صاف اور واضح رہتے ہیں، یعنی پڑھنے والے کو گنجلک محسوس نہیں ہوتے نوری نستعلیق کی کہانی دراصل احمد مرزا جمیل کی کہانی ہے، اس لئے احمد مرزا جمیل کی زندگی کے بارے میں بھی کچھ جاننا ضروری ہے۔

احمد مرزا جمیل ۲۱ فروری ۱۹۲۱ء کے روز دہلی میں پیدا ہوئے۔ ابتدائی تعلیم سینٹ جوزف ہائی اسکول بمبئی سے حاصل کی اور جے جے اسکول آف آرٹس سے ڈپلوما کیا۔ آپ نے بہت سے تعلیمی ایوارڈ حاصل کئے جن میں "آل انڈیا آرٹ انڈسٹری" کا پہلا انعام بھی شامل ہے۔

۱۹۵۰ء میں پاکستان آئے اور ایک سال نیشنل ایڈورٹائزرس کراچی میں آرٹ ڈائریکٹر کی حیثیت سے فرائض انجام دیئے۔ احمد مرزا جمیل بہت اچھے خطاط اور آرٹسٹ تھے۔ انہوں نے اردو کے ہر حرف کو بہت خوش خط انداز میں لکھ کر کمپیوٹر کی میموری میں محفوظ کرنے کے قابل بنایا اور ۱۹۸۱ء میں برطانوی کمپنی "الیکٹرانک ٹائپ سیٹنگ" کو اردو کی ٹائپ کاری کے تجربہ کے لیے آمادہ کیا جس کے بعد سے آج تک اردو کی ٹائپ کاری، یعنی بذریعہ کمپیوٹر تحریر جاری ہے۔۔

کمپیوٹر پر اردو لکھنے میں مشکلات

خط نستعلیق کو کمپیوٹری کتابت سے ہم آہنگ کرنے کیلئے ۱۹۷۳ء سے کوششیں ناکام ثابت ہورہی تھیں، جس کی وجہ سے اردو کے بارے میں عام تاثر پایا جاتا تھا کہ اردو جدید دور کا ساتھ نہیں دے سکتی۔ احمد مرزا جمیل اردو زبان کو کمپیوٹر میں کمپوز کرنے کا تجربہ

کرنا چاہتے تھے لیکن بد قسمتی سے پاکستان میں اس پر کام کرنے کیلئے جدید مشاورت یا تجربات کی سہولت موجود نہ تھی۔ انہوں نے سوچا کہ کیوں نہ اس منصوبے کو ان لوگوں کے سامنے پیش کیا جائے جو فوٹو ٹائپ سیٹنگ یا الیکٹرانک ٹائپ سیٹنگ کا کام کر رہے ہیں، تا کہ اس منصوبے کے بارے میں رائے معلوم کی جاسکے۔ انہوں نے اس سلسلے میں اس شعبے سے وابستہ کئی اداروں کو خطوط لکھے تا کہ ان اداروں سے تعاون حاصل کیا جاسکے۔ لیکن بہت سے اداروں نے جواب دینے کی بھی زحمت گوارہ نہ کی جبکہ چند نے کہا کہ پاکستان اس تحقیق و ترقی کے اخراجات برداشت کرنے کا متحمل نہیں ہو سکتا۔

۱۹۷۹ء میں احمد مرزا جمیل کو سنگاپور کی ایک نمائش میں جانے کا موقع ملا۔ وہاں انہوں نے انگریزی ٹائپ فیس کی مشینیں دیکھیں۔ یہ فوٹو ٹائپ سیٹنگ کی بجائے ڈیجیٹل کمپیوٹرائزڈ مشینیں تھیں۔ یہاں موجود ایک سیلز مینیجر سے، جو ان کے واقف کار تھے، مرزا احمد جمیل نے کمپیوٹری کتابت کے بارے میں گفتگو کی تو انہوں نے بتایا کہ وہ اس منصوبے پر پہلے ہی سے کچھ تجربات کر چکے ہیں اور انہوں نے مقتدرہ قومی زبان کو ایک نمونہ پیش بھی کیا تھا۔ لیکن مقتدرہ نے اسے پسند نہیں کیا۔ دراصل یہ ایک ایسی زبان ہے جو جسے کمپیوٹر پر لانا بہت ہی مشکل بلکہ ناممکن ہے۔ اس پر احمد مرزا جمیل نے ان سے کہا میرے پاس کچھ تجاویز ہیں، آپ کراچی آئیں تو مجھ سے ضرور ملاقات کیجئے گا۔ جب مینیجر صاحب، مرزا احمد جمیل سے ملنے کراچی آئے تو انہوں نے مینیجر صاحب سے پوچھا کہ اگر انہیں اردو کے تمام الفاظ ٹکڑوں یا جوڑوں کے بغیر، پورے کتابت شدہ مل جائیں تو یہ مسئلہ حل ہو گا یا نہیں؟ منیجر صاحب نے کہا کہ اگرچہ یہ ناممکن ہے لیکن اگر ایسا ہو جائے تو پھر اردو کمپوزنگ کا حل نکل سکتا ہے۔ اس کے بعد وہ برطانیہ واپس چلے گئے اور انہوں نے اپنے سیلز ڈائریکٹر کے سامنے یہ تجویز رکھی۔ لیکن یہاں کی ٹیکنیکل کمیٹی نے یہ شرط عائد

کی کہ اگر تجربہ ناکام ہوا تو اس کے تمام اخراجات احمد مرزا جمیل کو ادا کرنے ہوں گے۔ احمد مرزا جمیل نے ہامی بھر لی اور برطانوی ادارے مونو ٹائپ کارپوریشن کو بھی ضمانت دی کہ تجربہ ناکام ہونے کے صورت میں تمام نقصان احمد مرزا جمیل کی کمپنی ایلیٹ پبلشرز خود برداشت کرے گی۔ جدید کمپیوٹری طریقہ کتابت میں "الفاظ" نہیں بلکہ الفاظ کے ٹکڑے یعنی "ترسیمے" ہوتے ہیں۔ ان کی تیاری ہی دراصل سب سے مشکل کام تھا۔ احمد مرزا جمیل ایک اچھے آرٹسٹ تھے چنانچہ انہوں نے گرافک آرٹ کی ساری تکنیکیں جو انہیں آتی تھیں، اپنے اس کام میں استعمال کیں اور دن رات کام کیا۔

۱۶ہزار الفاظ کی خطاطی

اب مسئلہ الفاظ کے انتخاب کا تھا جو بہت مشکل کام تھا۔ اسے مطلوب الحسن سید نے اپنے ذمے لیا۔ دراصل حروف کے ٹکڑوں میں کسی زبان کا احاطہ کرنا ایک انتہائی مشکل اور پیچیدہ کام ہے۔ جب نستعلیق میں حروف کو جوڑا جاتا ہے تو ان کی کئی شکلیں بدلتی جاتی ہیں اور ان میں موٹے اور باریک جوڑ کا رواج ہے۔ نستعلیق کی سب سے بڑی خوبی یہ ہے کہ اس سے جگہ کی یہ بچت ہوتی ہے کیونکہ حروف کو جوڑنے سے ان کی کئی منزلیں بن جاتی ہیں اور ان منزلوں سے جگہ کی بچت ہوتی ہے۔ لیکن ان منزلوں کے نتیجے میں کسی لفظ کا کوئی ایک ٹکڑا ایسا نہیں ملتا جو ہر جگہ ٹھیک بیٹھ جائے۔ اسی لئے انہیں اردو کے جوڑوں نے سخت پریشان کئے رکھا۔ بالآخر انہوں نے جوڑوں کی بجائے پورے پورے الفاظ تیار کئے۔ اس سے یہ مشکل مرحلہ بھی طے ہو گیا اور رفتار میں اضافہ ہو گیا۔ اس طرح مرزا احمد جمیل نے چھ مہینے میں تقریباً سولہ ہزار ترسیمے تیار کئے جن سے تقریباً ڈھائی لاکھ الفاظ بن سکتے ہیں۔ انگریز چونکہ ابجد نہیں جانتے تھے اس لئے احمد مرزا جمیل نے ہر حرف پر نمبر لگائے تاکہ مشین ابجد کے حساب سے انہی الفاظ کو تلاش کرے۔ اس طرح آخر اردو

زبان کے الفاظ کو کمپیوٹر پر منتقل کرنا ممکن ہوا۔

اردو اس ایجاد سے میکانکی دور سے الیکٹرانک دور میں داخل ہوئی، جس نے نہ صرف صحافت میں انقلاب برپا کر دیا بلکہ اردو کتابوں کی اشاعت میں بھی بے پناہ اضافہ ہوا اور اس طرح ۱۹۸۱ء میں روزنامہ جنگ نے لاہور سے پہلی کمپیوٹرائزڈ اردو کتابت کے ساتھ اپنی اشاعت کا آغاز کیا۔ احمد مرزا جمیل نے اس خط کا نام اپنے والد محترم جناب مرزا انوار احمد کے نام پر "نوری نستعلیق" رکھا، جو آج تک مستعمل چلا آرہا ہے۔ حکومت پاکستان نے اس عظیم کام پر احمد مرزا جمیل کو تمغہ امتیاز سے نوازا، جبکہ کراچی یونیورسٹی نے ان کی خدمات پر انہیں ۱۹۹۹ میں اعزازی ڈاکٹریٹ کی ڈگری سے نوازا۔

نوری نستعلیق اور جمیل نوری نستعلیق میں کیا فرق ہے؟

یہاں پر ایک نکتے کی وضاحت کرنا ضروری ہے کہ عام طور پر نوری نستعلیق اور جمیل نوری نستعلیق ایک ہی فونٹ کے دو نام سمجھے جاتے ہیں لیکن یہ غلط فہمی ہے۔ ایک بلاگر اور محقق یاسر حسنین نے اپنی ایک تحریر میں نوری نستعلیق اور جمیل نوری نستعلیق کے فرق کو تکنیکی پہلوؤں سے تفصیل سے بیان کیا ہے۔ ان کی تحریر کا ایک اقتباس پیش خدمت ہے:

"نوری نستعلیق کئی فونٹ فائلز پر مشتمل ہے۔ اور ان پیچ کے علاوہ براہ راست کہیں بھی استعمال نہیں کیا جاسکتا۔ اس کی کرننگ، پروگرامنگ مکمل طور پر ان پیج کا حصہ ہے۔ جبکہ جمیل نوری نستعلیق ایک یونی کوڈ فونٹ ہے اور ویب کے ساتھ ساتھ پبلشنگ کے مختلف پروگرامز میں استعمال کیا جاسکتا ہے۔"

خلاصہ کلام

جلد ہی ہماری آنے والی نسلیں ناقابل یقین طریقے سے پوچھ رہی ہوں گی کہ کیا یہ

واقعی سچ ہے کہ ایک وقت تھا جب اخبارات کو رات بھر محنت سے دستی طور پر لکھا جاتا تھا تاکہ صبح کو تیز رفتار مشینوں پر پرنٹ کیا جاسکے۔ کیا ہم واقعی اتنے قدیم تھے کہ ہماری قومی زبان کو خطاطوں کی بیساکھیوں کو پکڑ کر لنگڑانا پڑا جس نے کتابوں کی تکمیل کو ان کے حجم کے لحاظ سے مہینوں سے لے کر سالوں تک کی مشق بنا دیا۔

اس انقلاب کے لیے آنے والی نسلیں یقیناً احمد جمیل مرزا کی مقروض ہوں گی۔

ڈاکٹر احمد مرزا جمیل ۱۷ فروری ۲۰۱۴ کو کراچی میں انتقال کر گئے۔

***

۴

اپنی زباں سنبھالیے

احمد حاطب صدیقی

برسوں پہلے ایک سلسلے وار پُر مزاح انگریزی نشریہ نظر سے گزرا کرتا تھا۔ عنوان تھا : "Mind your language"

عنوان کی اُردو زبان میں بامحاورہ ترجمانی شاید یوں ہوسکتی ہو: "اپنی زبان سنبھالیے"۔ ان دلچسپ فکاہیہ خاکوں میں غلط انگریزی بولنے والوں پر ہنسنے کا موقع فراہم کیا جاتا تھا اور 'تعلیمِ بالغان' کے شاگردان کو درست انگریزی سکھائی جاتی تھی۔ یہ مقبول نشریات بہت سے لوگوں نے دیکھی ہوں گی۔ یہ برطانوی ادارے ITV کی نشریات تھیں۔ خود ہمارے ملک کے انگریزی روزنامہ 'ڈان' میں ایسے کئی مستقل سلسلے شائع ہوتے ہیں جن کی مدد سے نہ صرف درست انگریزی لکھنے کی مشق کروائی جاتی ہے، بلکہ قارئین کو اپنے انگریزی ذخیرۂ الفاظ میں اضافہ کرنے کی رغبت بھی دلائی جاتی ہے۔ نیز نامانوس انگریزی الفاظ کے مانوس انگریزی میں معانی بھی بتائے جاتے ہیں۔

صاحبو! ہمارا تو 'خامہ انگشت بہ دنداں' اور 'ناطقہ سر بہ گریباں' ہو کر رہ گیا ہے۔ انگریزی درست کرنے کی اِن کوششوں پر، یا انگریزی ذخیرۂ الفاظ میں اضافہ کرنے کی

اِن رغبتوں پر، یانت نئے انگریزی الفاظ کے معانی و مطالب بتانے کے ان مستقل سلسلوں پر کسی کو ہنسی نہیں آتی۔ کوئی طنز کے تیر چلاتا ہے نہ ان کا مذاق اُڑاتا ہے۔ 'ڈان' والوں کو سمجھانے بُجھانے کے لیے کوئی ناصحِ مشفق اپنی تقریری و تحریری توانائیاں بھی صرف نہیں کرتا کہ 'جو جیسی انگریزی بولے اُسے بولنے دیجیے۔ داروغہ بن کر اُس پر مسلط ہونے کی کوشش نہ کیجیے'۔ شاید اس کی وجہ یہ ہو کہ 'ڈان' کو انگریزی زبان میں سمجھانا پڑے گا اور۔۔۔ 'اُردو بولی پائی نا، انگریزی بولی آئی نا'۔

خیر، اب ہم کسی طرح سے اپنے ناطقے کا سر اُس کے گریبان سے نکالنے اور اپنے خامے کی انگشت اس کے دندان سے چھڑانے کی کوشش کرتے ہیں۔ اسے چُمکارتے، پُچکارتے اور ہُشکارتے ہیں کہ 'کب تک ضبط کروں میں آہ۔۔۔ چل مرے خامے بسم اللہ'۔ لہٰذا

:

دریں دریائے بے پایاں، دریں موجِ نشاط افزا
دل افگندیم بسم اللہ مجریہا و مُرسٰہا

'غلطی ہائے مضامین' کے قارئین اور اردو زبان کے اکابر بلکہ 'اکابرین' کی طرف سے حوصلہ افزائی کے نتیجے میں ہمارے حوصلوں کی خوب افزائش ہو گئی ہے۔ 'کم کم سہی، بہار کے ساماں ہوئے تو ہیں'۔ لوگ پوچھنے لگے ہیں کہ فلاں لفظ کا درست املا کیا ہے؟ یا فلاں لفظ کس موقع پر استعمال کرنا چاہیے۔ مثلاً کیا یہ جملہ ٹھیک ہے: "اُن کے چہرے کی چمک اُن کی خوشی کی غمازی کر رہی تھی"۔ نہیں صاحب، ٹھیک نہیں ہے۔ 'غماز' کہتے ہیں چُغل خور کو، جاسوس کو، طعنہ زن کو، آنکھ سے اشارے کرنے والے کو۔ 'غمزہ' بھی محبوب کی چشم و ابرو کے اشاروں اور اداؤں کو کہا جاتا ہے۔ 'شتر غمزہ' اونٹ کی اٹکھیلیاں یا اُس کی

شوخی و چنچل پن ہے۔ مجازاً بے جا ناز و نخرے کو کہا جاتا ہے۔ 'غمازی' کا مطلب ہوا چغل خوری، جاسوسی اور طعنہ زنی وغیرہ۔ لہٰذا درست جملہ یہ ہوگا: "اُن کے لہجے کی لکنت اور چہرے کی گھبراہٹ اُن کی دروغ گوئی کی غمازی کر رہی تھی"۔ ملک کے ایک مؤقر روزنامے کے صحافی جو اپنے اخبار کے مقبول کالم نگار بھی ہیں، فون کر کے صحافت کی اُن انگریزی اصطلاحات کے اُردو متبادل دریافت کر لیتے ہیں، جو اُردو اصطلاحات کو بے دخل کر کے ہماری اُردو صحافت میں دخیل ہو گئی ہیں۔

ایک صحافی بھائی نے سوال کیا ہے:

"اُردو صحافت کو آدھی انگریزی، آدھی اُردو سے کیسے نجات دلائی جائے؟ تمام اُردو اصطلاحات سے تو قارئین مانوس بھی نہیں"۔

بالکل بجا فرمایا۔ نشریاتی طوفان نے قارئین کی سماعتوں پر انگریزی اصطلاحات کا ڈنکا اتنے تواتر سے بجایا ہے کہ اردو اصطلاحات اس کے ریلے میں بہ گئی ہیں۔ لوگ سب کچھ بھول گئے ہیں۔ مگر کہیں سے تو آغاز کرنا ہوگا۔ آغاز یہاں سے کیجیے کہ جو اردو الفاظ و اصطلاحات آج بھی جانی پہچانی اور سمجھی بوجھی ہیں ان کا مقام انگریزی الفاظ کو نہ دیجیے۔ اردو جملے میں انگریزی اصطلاحات بے جگہ یعنی بے جا محسوس ہوتی ہیں۔ آسان اور عام فہم اردو اصطلاحات کی جگہ مغربی ذرائع ابلاغ کی اصطلاحات کو گھسیڑنا اَوگھٹ معلوم ہوتا ہے۔ مدتوں سے ہماری گلیوں اور ہمارے چوک چوراہوں پر گھوم پھر کر بیچنے والے اخبار فروش خریداروں کو متوجہ کرنے کے لیے آواز لگایا کرتے تھے: 'آج کی تازہ خبر۔۔۔ آج کی تازہ خبر'۔ پڑھے لکھے اخبار فروش اُس روز کے اخبار کی کسی سنسنی خیز خبر کی سُرخی بھی چلّا چلّا کر سنایا کرتے تھے۔ 'تازہ خبر' کی مانوس اصطلاح کی موجودگی میں

Breaking News

کہنا کیوں ضروری ہے؟ اسی طرح

Ticker

انگریزی میں تو 'ٹِک ٹِک' یا 'کھٹ کھٹ' کی آواز نکالنے والے کو کہتے ہیں۔ ہمارے اخبارات میں 'مختصر مختصر' کی اصطلاح پہلے بھی استعمال ہوتی رہی ہے اور اس اصطلاح سے ہر شخص مانوس ہے۔ 'خبروں کی جھلکیاں' بھی نامانوس اصطلاح نہیں ہے۔ صرف 'جھلکیاں' بھی لکھ سکتے ہیں۔

ایک خبر کی سُرخی ہے: "پنجاب کے چیف منسٹر نے ڈرگ ڈیلرز کے خلاف ایکشن لینے کا آرڈر دے دیا"۔

اسی سُرخی کو اگر یوں لکھ دیا جائے کہ "وزیر اعلیٰ پنجاب نے مُنشّیات فروشوں کے خلاف اِقدام کا حکم دے دیا"۔

تو کیا قارئین یا ناظرین کی سمجھ میں نہیں آئے گا کہ کس نے کیا کر دیا ہے؟

پہلا کام یہی ہونا چاہیے کہ جن انگریزی اصطلاحات کے اُردو متبادل عام اور عام فہم ہیں، اُن اصطلاحات کو قارئین پر بالجبر تھوپنے کے بجائے وہ الفاظ استعمال کیے جائیں جن سے اُن کے کان مانوس ہیں۔ 'اپوزیشن' کی جگہ حزبِ اختلاف، 'پرائم منسٹر' کی جگہ وزیر اعظم، اور 'آرمی چیف' کی جگہ سپہ سالار کہنے میں کیا قباحت ہے؟ کچھ اصطلاحات کو خود ذرائع ابلاغ کے عدمِ استعمال نے نامانوس کر دیا ہے۔ مثلاً وقائع نگار، خبر نگار، نامہ نگار، خبر رساں اور خبر رساں ادارے وغیرہ۔ شہ سُرخی کو

Headline

کہنے سے کیا فائدہ ہوتا ہے؟ اور اُردو میں پیش کی جانے والی 'خاص خاص خبروں' کو

اگر

Headline News

کہہ دیجیے یا 'خبر نامہ' کہنے کے بجائے

News Bulletin

کہا کیجیے تو اس سے کس کے وقار میں اضافہ ہوتا ہے؟ محفلِ مذاکرہ کو آپ

Talk Show

کہہ کر خوش ہوتے ہیں اور اس کے درمیان میں اگر خبروں کا وقفہ کرنا پڑ جائے تو اُس کو

News Break

بتایا کرتے ہیں۔ وقفے کے بعد ملنے کو کہتے ہیں کہ 'پھر ملیں گے ایک

Break

کے بعد'۔

قصہ مختصر یہ کہ اگر آپ اُردو میں صحافت کرنا چاہتے ہیں تو اُردو ہی کے الفاظ کو اُردو سے بے دخل کر دینے پر کیوں تُل گئے ہیں؟ اُردو کے قارئین اور ناظرین کے سروں پر نامانوس انگریزی الفاظ کی بمباری کی مہم کیوں چلا رہے ہیں؟ 'بمباری' پر یاد آیا کہ جن انگریزی الفاظ کو اُردو نے اپنے مزاج کے مطابق ڈھال لیا ہے، یا جن انگریزی الفاظ کو جوں کا توں قبول کر لیا ہے مثلاً ریڈیو، ٹیلی فون، ٹیلی وژن اور جج وغیرہ اُن سے تعارض نہیں۔ اسی طرح اسمائے معرفہ کا بھی ترجمہ نہیں کیا جاتا۔ فیس بک کو 'کتاب چہرہ' اور ٹوئیٹر کو 'چہچہاتی چڑیا' کہنا ٹھیک نہیں۔

حاصلِ کلام یہ کہ اُردو صحافت کو آدھی انگریزی، آدھی اُردو کے دوغلے پن سے

نجات دلانے کے لیے سب سے پہلے تو اپنی زبان سنبھالیے۔ اردو کے مانوس الفاظ کو بے دخل نہ کیجیے اور انگریزی کے نامانوس الفاظ کو دخیل نہ کیجیے۔ اردو میں صرف اور صرف انگریزی ہی کو فروغ دینے کی مسلسل اور متواتر کوششوں میں اپنا منہ ٹیڑھا نہ کیجیے۔ زبان سنبھالنے کے ساتھ ساتھ منہ بھی سنبھالیے۔ کیوں کہ انگریزی کی خاطر اُردو زبان میں 'تلخ نوائی' کا اظہار کرنے والوں کو خواجہ حیدر علی آتش پہلے ہی یہ مشورہ دے چکے ہیں :

لگے منہ بھی چڑانے دیتے دیتے گالیاں صاحب؟
زباں بگڑی تو بگڑی تھی، خبر لیجے دہن بگڑا

***

۵

اردو کو نادان دوستوں سے بچائیے

اظہار الحق

تین چار دن پہلے ایک معروف ادارے کی طرف سے ایک تقریب کا دعوت نامہ موصول ہوا جو کسی کانفرنس کے ضمن میں تھا۔ اس میں لکھا تھا "برخط"۔ دماغ چکرا گیا! یا اللہ! یہ "برخط" کیا بلا ہے؟ خط پر یعنی مکتوب پر؟ یا اس خط پر جو منحنی ہوتا ہے یا مستقیم! کافی دیر سوچنا پڑا۔ اچانک دماغ میں بجلی کوندی! دھت تیرے کی!" آن لائن" کا ترجمہ داغا گیا ہے۔ آن لائن یعنی "برخط"۔

سنا ہے کہ میرٹھ میں 'اللہ کے بندے'
رگِ گُل سے بلبل کے پر باندھتے ہیں

یہ "اللہ کے بندے" تو اس لیے لکھا ہے کہ اصل الفاظ کی، جو اس شعر میں ہیں، اجازت ہمارے ایڈیٹر صاحب کبھی نہیں دیں گے!

اردو کا بھی عجیب المیہ ہے۔ دو انتہاؤں کے درمیان پس رہی ہے۔ ایک طرف تو لارڈ کلائیو اور میکالے کی وہ ذریت ہے جو اردو بولتے ہوئے ایک ایک فقرے میں انگریزی کے دس دس پیوند لگاتی ہے' اور دوسری طرف اردو کے وہ نادان دوست ہیں جو اردو کو اجنبی اور غیر مانوس الفاظ سے بھر کر غرابت زدہ کرنے کی کوشش کر رہے ہیں۔

فیس بک کو 'کتاب چہرہ' کہہ رہے ہیں جب کہ مزدور بھی فیس بک ہی کہتا ہے۔ اب ہو سکتا ہے "آن لائن" کو ایرانی "برخط" کہتے ہوں مگر فارسی فارسی ہے اور اردو اردو! اور پھر اگر شرحِ آرزو، زبانِ غیر ہی سے کرنی ہے تو "برخط" بھی زبانِ غیر ہے اور "آن لائن" بھی زبانِ غیر! مگر فرق یہ ہے کہ پاکستان میں شاید ہی کوئی ہو جسے آن لائن کا مطلب نہ معلوم ہو۔

دو سال سے کورونا چھایا ہوا ہے۔ طلبا اور طالبات کے ان پڑھ والدین کو بھی معلوم ہے کہ آن لائن کس چڑیا کا نام ہے۔ اداروں کے نائب قاصدوں اور خاکروبوں کو بھی پتا ہے کہ میٹنگ یا کانفرنس آن لائن ہو تو اس کا کیا مطلب ہے! اس کے برعکس "برخط" مکمل اجنبی لفظ ہے۔ اور اگر ایران ہی کی تقلید کرنی ہے تو صرف "برخط" کیوں؟ آئس کریم کو بستنی کہیے، جوڑنے والی ٹیپ کو چسب اور ڈرائیور کو رانندہ! بچے بچے کو معلوم ہے کہ اردو کا خمیر آمیزش سے اٹھا ہے اور اس کے مزاج میں وسعت اور فراخ دلی ہے۔ انگریزی کے سینکڑوں الفاظ گاؤں گاؤں قصبے قصبے میں سمجھے اور بولے جاتے ہیں۔ مگر اب اگر یارانِ ہوش مند، ان الفاظ کو ہٹا کر غیر مانوس اور نہ سمجھ آنے والے الفاظ سے اردو کی "خدمت" کرنا چاہتے ہیں تو اس کارِ خیر میں ہم بھی اپنا حصہ ڈال کر ان یارانِ ہوش مند کی مدد کرنا چاہتے ہیں۔

اگر آن لائن کو 'برخط' اور فیس بک کو 'کتاب چہرہ' کہنا چاہیے تو بائی پاس آپریشن کو "ساتھ گزرنا جراحی" کہنا چاہیے۔ نکٹائی "گردن باندھ" کہلائے گی۔ پاسپورٹ کو "گزر بندر گاہ" کہیں گے، کریڈٹ کارڈ "ادھار گتہ" ہو جائے گا۔ بجلی کی لائن کو 'بجلی کا خط' کہیں گے۔ رجسٹرار سے مراد لمبی کاپی والا ہو گا۔ ہاکی کو آگے سے مڑا ہوا ڈنڈا کہا جائے گا۔

آج کل دکانوں کا نام کیش اینڈ کیری رکھنے کا رواج ہے۔ اگرچہ سب سمجھتے ہیں کہ

کیش اینڈ کیری کیا ہے مگر چونکہ ہمارا مشن نامانوس اور ناقابل فہم الفاظ کو زبردستی اردو میں گھسیڑنا ہے اس لیے کیش اینڈ کیری کو کہیں گے "نقد اور اٹھاؤ"۔ ٹوتھ پیسٹ کا نام "دانت قوام" رکھیں گے۔ ٹوتھ برش کو "دانت جھاڑو" کہیں گے۔ کار کی بریک کا نام "گاڑی روک" ہو گا۔ چیلنج کرنے کو للکارنا کہیں گے۔ کرکٹ بھی انگریزی کا لفظ ہے۔ اسے بھی بدلنا لازم ہے' چنانچہ اس کا مناسب نام 'ولایتی گلی ڈنڈا' ہو گا۔ فٹ بال کو 'پاؤں گیند' کہیں گے۔ الارم کو 'خطرہ چیخ' کہیں گے۔

ایک اور مصیبت دیکھیے کہ ریل اور ٹرین دونوں انگریزی الفاظ ہیں۔ دیہاتی بھی ریل گڈی کہتے ہیں' مگر ریل کے لفظ سے جان چھڑانی ضروری ہے۔ اس لیے آئندہ ریل کو 'لوہے پر چلنے والی گاڑی' کہیں گے۔ پنسل کے لیے 'سیسے والا قلم' فاؤنٹین پین کے لیے 'فوارہ قلم' اور ربڑ کے لیے 'رگڑنے والی' مناسب نام ہیں۔

یہ انٹرنیٹ کا زمانہ ہے۔ انٹرنیٹ اہل مغرب کی ایجاد ہے۔ کمبختوں نے ایجاد کرنے کے بعد ہم سے پوچھا ہی نہیں کہ اس ایجاد کا نام کیا رکھا جائے۔ اب ہم خود اس کا نام رکھیں گے۔ آج سے انٹرنیٹ کا نام 'درمیان جال' ہو گا۔ پاس ورڈ کو 'کامیاب لفظ' کہیں گے۔ کیک بھی فرنگی لغت ہے۔ اس کا نام ہو گا 'انگریزی مٹھائی کا ٹیلہ' اور پیسٹری کو کہیں گے 'انگریزی مٹھائی کی چھوٹی سی پہاڑی'! بیگم کے لیے نئی لپ سٹک خریدیں گے تو پیش کرتے وقت کہیں گے جان من یہ لیجیے نئی 'ہونٹ ڈنڈی'!

ڈبل روٹی کا مسئلہ تو بہت آسان ہے 'دُہری روٹی'! کالر کا نام ہو گا گریبان پٹہ! سویٹر کو 'پسینہ آور' کہیں گے۔ بچے کو ریموٹ کنٹرول پکڑانے کے لیے کہنا ہو تو کہیں گے بیٹے! ذرا یہ 'دور اختیار' دینا!!

کچھ الفاظ کی اردو ہماری محدود اور ناقص سمجھ سے باہر ہے۔ جیسے ایکسرے، وٹس

ایپ، ٹریکٹر، ٹکٹ، بِل، انجن، سرنج۔ اس کے لیے انہی نابغوں اور عبقریوں کے آگے زانوئے تلمذ تہہ کرنا ہو گا جن کا ذکر خیر اوپر ہو چکا ہے۔

صرف مفتوح کی زبان میں فاتح کی زبان کے الفاظ نہیں در آتے! فاتح کی زبان بھی نئے الفاظ قبول کرتی ہے۔ یہ دوطرفہ عمل ہے۔ چلم، چادر، چٹنی، کھوپرا، لاکھ، کروڑ، دھتورا، درویش، اچار، امیر، آنہ، بازار، پشمینہ، دیوالی، دھوبی، دھوتی، دربار، فقیر، فتویٰ، ساری، سلطان، زمیندار، پکوڑا، دارالحرب، دارالاسلام، ڈھابہ ان سینکڑوں الفاظ میں سے محض چند ایک ہیں' جو ہمارے ہاں سے انگریزی زبان میں داخل ہو کر ان کی لغت کا حصہ بن چکے ہیں۔ دو انگریز سکالرز نے ایک لغت تالیف کی ہے جس میں ان الفاظ اور محاوروں کو یکجا کیا ہے جو چینی، عربی، فارسی اور برِصغیر کی زبانوں سے انگریزی زبان میں داخل ہوئے اور انگریزی کا حصہ بن گئے۔ ایک ہنری یُول تھا جو اصلاً انجینئر تھا۔ دوسرا آرتھر برنل تھا' جو جج تھا۔ دونوں انیسویں صدی میں ہندوستان رہے اور یہ لغت مرتب کی۔ اس لغت کا نام ہابسن جابسن ہے۔ پہلی بار یہ ۱۸۸۶ء میں شائع ہوئی۔ گزشتہ ایک سو پینتیس برسوں میں ہابسن جابسن کے متعدد ایڈیشن شائع ہو چکے ہیں۔ اس کا ایک نسخہ اس کالم نگار کی لائبریری میں بھی موجود ہے جو برطانیہ کا چھپا ہوا ہے۔

زبان دریا کی طرح ہوتی ہے۔ یہ اپنے راستے خود بناتی ہے۔ کس زبان سے کون سا لفظ لے کر اپنے اندر جذب کرنا ہے، کون سا باہر اگل دینا ہے، اس کا فیصلہ زبان خود کرتی ہے۔ چند افراد لاکھوں کا مقابلہ نہیں کر سکتے۔ اگر لاکھوں کروڑوں لوگ ہسپتال کا لفظ استعمال کر رہے ہیں تو کوئی بھی انہیں شفاخانہ کہنے پر مجبور نہیں کر سکتا۔ ایک عامل یہ بھی ہے کہ کوئی شے ایجاد کس نے کی ہے؟ کھانڈ ہندوستان میں ایجاد ہوئی۔ قند اور کینڈی کھانڈ ہی کی بگڑی ہوئی شکلیں ہیں۔ الجبرا عربوں کی ایجاد ہے تو یہی نام انگریزی میں بھی

رائج ہے۔ مُشک کو انگریزی میں مسک کہتے ہیں۔ پلاؤ ترکوں کی ایجاد ہے۔ ساری دنیا پلاؤ ہی کہتی ہے۔ ہاں روسیوں نے پلاف کر دیا۔ جدید ایجادات ساری جن کی ہیں نام بھی انہی کے چلیں گے۔ ہم نے خود کُش جیکٹ ایجاد کی ہے۔ یہ لفظ بھی انگریزی زبان میں داخل ہو جائے گا' مگر کچھ وقت لگے گا۔ ہمیں صبر سے کام لینا ہو گا۔

***

۶

میمن گھرانے: جہاں اردو میں بات کرنا ممنوع تھا

اقبال مانڈویا

کراچی کا ماحول ۱۹۷۵ تک پہنچتے پہنچتے بہت ساری تبدیلیوں سے گزرنے لگا تھا، افراط زر کے سبب پیسے کی ریل پیل نے بہت ساری روایتوں کا خاتمہ کیا تو بہت ساری نئی روایتیں پروان چڑھنے لگیں، میمن برادری ان سے کہاں بچ سکتی تھی سو یہاں بھی نئی روایتوں نے ڈیرے ڈالنے شروع کئے، جن میں سب سے بڑی روایت میمن گھرانوں میں "اردو" کا داخلہ ہے۔

یہ روایت کیوں پڑی؟ میمن گھرانے اردو کی جانب کیوں مائل ہوئے؟ اس سوال کا جواب دینا اس لیے ضروری ہے کہ پرانی تو کیا نئی نسل بھی اس صورتحال پر چراغ پا ہے کہ انکے نزدیک ہم اپنی شناخت کھو رہے ہیں، اپنی زبان بہت میٹھی ہے اسے ہم کیوں ترک کریں مگر بولتے وہ اردو ہی ہیں۔

اردو سے میمن برادری کا اجتماعی طور پر پہلا رابطہ جوناگڑھ میں ہوا، جوناگڑھ کی سرکاری اور رابطے کی زبان گجراتی تھی مگر اسے ہنود کی زبان قرار دیا جاتا تھا اور مسلمان کوشش کرکے اردو میں بات کرتے تھے جو "مسلمانی" کہلاتی تھی، وہ اردو بس نام کی اردو تھی ورنہ اسکے اکثر الفاظ گجراتی یا میمنی کے تھے، یہ گلابی اردو جوناگڑھ کی اردو کہلاتی ہے اور کراچی میں آج بھی اولڈ سٹی ایریا، مہاجر کیمپ اور جہاں جہاں جوناگڑھ والے بستے ہیں

خوب بولی جاتی ہے، ٹی وی ڈراموں میں میمنی کلچر دکھاتے ہوئے مذاقاً یہی زبان دکھائی جاتی ہے جو میمن عموماً نہیں بولتے مگر جوناگڑھ والوں سے مل کر ضرور بولتے ہیں اس لئے کہ اسکے بولنے کا بھی ایک لطف ہے، مگر جوناگڑھ میں بھی یہ زبان میمن گھر میں نہیں بولتے تھے گھر میں تو اپنی مادری زبان ہی میں گفتگو کرتے تھے، مگر کراچی میں اردو میمن گھرانوں کے اندر براجمان ہوگئی ہے تو اسکی وجہ کیا ہے؟

زبان کے اعتبار سے میمنی کی بنیاد سندھی زبان ہے جس نے ایک عرصے تک گجراتی زبان کی مصاحبت سے جو رنگ اختیار کیا وہ میمنی زبان کی موجودہ صورت میں ہمارے سامنے ہے۔ میمنی زبان میں "آپ" اور "تو" ہے مگر "تم" نہیں، "آپ" بہت زیادہ ثقیل خیال کیا جاتا تھا اور بزرگوں یا پیروں کے لئے مروج تھا عمومی تعلقات اور گفتگو میں "تو تکار" ہی کا غلبہ تھا، اس کا اظہار آپ نے ہندوستانی چینلز کے گجراتی کلچر کے ڈراموں میں خوب دیکھا ہوگا۔ عورت یا بیوی ہندو معاشرے میں لائق احترام نہیں اسکے اثرات کے سبب میمن گھرانوں میں بھی بیوی کو مخاطب کرنے کے لئے ایک کرخت "تو" کا رواج تھا، باپ کی دیکھا دیکھی بچے بھی ماں کو "تو" ہی سے پکارتے تھے، بڑے بھائی اور بہنوں کے لئے بھی صورتحال مختلف نہ تھی، زمانہ طالبعلمی میں دہلی اسکول میں ایک مرتبہ والدین کو بلایا گیا، ایک اردو اسپیکنگ دوست نے سوال کیا، تمہارے ابا کس وقت آئیں گے؟ میں نے جواب دیا ابا نہیں آئیں گے میرا بڑا بھائی آئیگا، اس نے کہا اچھا تو تمہارے بھائی آئیں گے، دیکھا آپ نے کلچر اور زبان کا فرق؟ یہ کلچر ظاہر ہے کتیانہ، نمبر ٹو یا میمن سیکنڈری اسکول میں نظر نہیں آسکتا تھا، میمن اس کلچر سے حسینہ معین کے ڈراموں سے آشنا ہوئے، نہ صرف واقف ہوئے بلکہ خوشگوار طور پر واقف ہوئے، اب تک وہ اردو زبان کو مزاحیہ فلموں کے ذریعے آداب کی زد میں ٹرین چھڑوا دینے یا فرش مخمل پر پاؤں

چھلوانے والے پُر نزاکت کلچر کی حامل بیوقوفانہ زبان سے تعبیر کرتے تھے اور انکے نزدیک ایسا کلچر دلی اور لکھنؤ کے گمشدہ اوراق میں گم ہو چکا تھا، مگر حسینہ معین نے انہیں دکھایا کہ یہ کلچر گم نہیں ہوا بلکہ کراچی میں ابھی بھی زندہ ہے اور پوری آب و تاب کے ساتھ، نئی جہت کے ساتھ موجود ہے، اس کلچر کو پیش کرتے ہوئے "احترام اور شائستگی" کو نمایاں رکھا گیا تھا اور اس کی ڈرامائی تشکیل اتنی شاندار تھی کہ اس سے متاثر ہوئے بغیر نہیں رہا جا سکتا تھا۔ میمن لوگوں نے آپ جناب کے ایسے کلچر کا جس میں بڑوں کو ہی نہیں بچوں کو بھی آپ سے مخاطب کیا جاتا ہے اور سب سے بڑھ کر اہلیہ، منگیتر اور منظور نظر سب ہی کو "آپ" سے مخاطب کرنے کا خوب لطف لیا۔

یہی وہ دن تھے جب کراچی کے میمن گھرانوں میں منگنی شدہ بچوں کو کبھی کبھار ملنے اور گھومنے پھرنے کی اجازت دے دی گئی تھی، اسطرح کی ملاقاتوں میں گفتگو اردو میں شروع ہوئی کہ حسینہ معین کے ڈراموں کا انداز اپنانا یہاں آسان بلکہ زیادہ مناسب اور پسندیدہ تھا، اردو میں ہوئیں یہ ملاقاتیں شادی کے بعد گھر میں آپس میں اردو بولنے اور اس سے آگے ہونے والے بچوں سے بھی اردو میں گفتگو کا سبب بنیں اور اسکے بعد تو گویا یہ معمول ہو گیا کہ نوبیاہتا جوڑے اردو ہی میں بات کرتے تھے۔

منگنی کے بعد لڑکے منگیتر کو تو آپ سے بلا لیتے تھے کہ کچھ تکلف اور کچھ اخلاق و نفاست کا تقاضہ بھی یہی تھا مگر شادی کے بعد اسی لڑکی کو بیوی کے روپ میں "آپ" سے بلانا ناممکن ہو جاتا تھا کہ ایسی صورت میں ماں اور بہنوں کا زیر لب مسکرانا گویا زن مریدی کا سرٹیفیکیٹ عطا کرنا تھا۔

چالیس برس گزرنے کے بعد صورتحال یہ ہے کہ دادا اور پوتے کی سطح تک اردو کی تمثیل قائم ہو چکی ہے۔ اور میمن گھرانے بھی "آپ" کا لطف لینے لگے ہیں، اس لیے کہ

اردو خراماں روی ہی سے سہی، گفتگو میں اپنا تاثر قائم کر کے دم لیتی ہے اور وہ تاثر حفظ مراتب اور شائستگی سے آگہی اور اسکے فطری اظہار کا نام ہے جو اردو کا طرّہ امتیاز ہے۔

اردو ہے جس کا نام ہمیں جانتے ہیں داغ
سارے جہاں میں دھوم ہماری زباں کی ہے

***

۷

اردو تنقید کے بنیادی افکار

آل احمد سرور

اردو میں تنقید مغرب کی دین ہے، تنقیدی شعور اس سے پہلے بھی تھا اور ایک طرف یہ فن کاروں کے اشارات و نکات میں ظاہر ہوتا تھا، دوسری طرف تذکروں کی مدح و قدح میں۔ مگر اس کی ضرورت اسی وقت محسوس ہوئی جب ۱۸۵۷ء کے بعد زندگی کے تقاضوں نے ادب کا رخ موڑ دیا اور ادب کے مطالعے کے لیے ایک نئی نظر کی ضرورت پڑی۔ تذکروں میں فن کا تصور فن شریف کا ہے۔ اس میں جو افکار جھلکتے ہیں ان پر عینیت کا سایہ ہے۔ اس میں ایک انسان دوستی، عام جذبات و کیفیات کی مصوری اور ایک تہذیبی رنگارنگی شروع سے تھی۔ تصوف نے اسے ایک فلسفہ عطا کیا اور ایک نظام اخلاق دیا۔ مگر دربار نے اسے جمالیات عطا کی۔ یہ جمالیات محدود ہوتے ہوئے اپنی جگہ قابل قدر تھی۔ اس میں الفاظ کی تراش خراش، محاورے کی صحت، بیان میں فصاحت وبلاغت پر بہت زور تھا۔

مجموعی طور پر ۱۸۵۷ء سے پہلے ادب کی براہ راست اہمیت نہ تھی۔ یہ افسانہ وافسوں کے کام آتا تھا۔ اس کی مسرت سب کچھ تھی اور بصیرت سے اسے زیادہ سروکار نہ تھا۔ اس دور میں موضوع سے زیادہ اصناف کی اہمیت تھی۔ غزل کی ریزہ خیالی کا اثر دوسرے

اصناف پر خاصا نمایاں تھا۔ مشاعروں کی مقبولیت نے سطحی جذبات یا سامنے کی بات کا زیادہ خوگر بنا دیا تھا۔ اس نے پینترے یا صناعی کو خاصی اہمیت دے رکھی تھی۔ شاعر زمین کو آسمان کرنے پر فخر کرتے تھے۔ ایک پھول کے مضمون کو سو رنگ سے باندھتے تھے۔ یعنی مضامین میں تنوع یا جدت کا سوال نہ تھا۔ شاعری مرصع سازی بھی تھی۔ تذکروں میں شعراء پر اظہار خیال اسی نقطۂ نظر کی ترجمانی کرتا ہے۔

استادی اور شاگردی کے رواج نے زبان کی صحت کو بہت زیادہ اہمیت دے دی تھی۔ زبان کے اس رکھ رکھاؤ میں تازگی و طرفگی خیال کی طرف دھیان کم ہی جاتا تھا۔ سنسکرت کا علم کم ہونے کی وجہ سے اور دوسری ہندوستانی زبانوں سے یونہی سے تعلق کی وجہ سے عجمی لے مقبول تھی اور تنقیدی آرا زیادہ تر شاعری تک محدود تھیں۔ نثر کو منہ لگانے کا سوال ہی نہ تھا۔ تعمیری صلاحیت مسلسل بیان، فطری اسلوب، چلن سے رشتے پر دھیان کم ہی تھا۔

۱۸۵۷ء کے بعد زندگی کے نئے مسائل جو شروع انیسویں صدی سے ذہنوں پر دستک دے رہے تھے، بالآخر شاعروں اور ادیبوں کے خلوت خانوں میں در آئے۔ تاریخی اعتبار سے آزاد نے سب سے پہلے نظم اور کلام موزوں پر اظہار خیال کیا اور ایک طرف تخیل کی پرواز کے بجائے حقیقت نگاری پر زور دیا، دوسری طرف فارسی انشا پردازی کے بجائے بھاشا کے اسلوب کی طرف توجہ دلائی، تیسری طرف انگریزی ادب سے موضوعات کا تنوع سیکھنے کی سفارش کی۔ آزادؔ اور حالیؔ پر کرنل ہالرائڈ اور میجر فلر کا گہرا اثر ہے۔ انجمن پنجاب کے شاعروں نے مغرب کے اثر سے نظم کے فارم کا احساس دیا، آزادؔ اور حالیؔ کی حقیقت نگاری کی کوششیں بقول سرسید کے نیچرل شاعری کے خارجی پہلو تک ہی جاتی ہیں۔ اس میں وہ داخلی پہلو نہیں جو فطرت کی تخیلی ترجمانی سے آتا ہے اور جس

کے لیے شیکسپیئر اور ملٹن مشہور ہیں۔

آزاد کی حیثیت نئی تنقید میں ایک نقیب کی سی ہے جو ہوشیار خبر دار کے نعرے بلند کرتا ہے۔ سرسید ضرور زندگی کا ایک واضح تصور رکھتے ہیں جس میں ایک حساس عقلیت، مغرب کے سائنسی طریقوں، علمی افکار اور تہذیبی کارناموں کو اپنانے میں مصروف ہے اور ایک ذہنی انقلاب کے لیے ایک نئے ادبی نقطۂ نظر اور ایک مفید مطلب اسلوب پر زور دیتی ہے۔ مگر ادب ان کی ذہنی بساط کا ایک گوشہ ہے، ساری بساط نہیں۔ لیکن ہمارے پہلے بڑے نقاد حالی ہیں جن کی تاریخی اہمیت ہی نہیں، ادبی اہمیت بھی ہے۔ حالی نے شاعری اور سماج کے براہ راست تعلق پر زور دے کر ادب کو ایک سماجی آلہ قرار دیا۔ انہوں نے شعر کو حکمت کے مقابل ٹھہرا کر اسے حقیقت کا دوسرا ادراک قرار دیا۔

آگے چل کر رچرڈس نے سائنس اور شاعری میں اسی پہلو پر زور دیا۔ انہوں نے قافیہ اور ردیف کی سخت گیری کی مذمت کی، بلکہ وزن کو بھی غیر ضروری قرار دیا۔ وہ تخیل، کائنات کے مطالعے اور تفحص الفاظ کی اہمیت کو واضح کرکے، شاعری میں بے قید قوت متخیلہ کو روکتے ہیں اور اسے قوت ممیزہ کے قابو میں رکھنا چاہتے ہیں۔ ان کا سادگی، اصلیت اور جوش کا معیار جو ملٹن کے قول کی سطحی اور ناقص تشریح ہے، ہمارے لیے آج زیادہ مفید نہیں، مگر اصلیت کے حدود متعین کرنے میں وہ سلامتی طبع کا ثبوت ضرور دیتے ہیں۔ حالی اپنے دور کی اصلاحی اور اخلاقی رو سے اتنے متاثر تھے کہ شعر کو اخلاق کا نائب مناب اور قائم مقام کہنے کو تیار تھے، انہیں شاعری کی جمالیاتی معنویت کا پورا احساس نہ تھا، ان کے سامنے انگریزی کے دوسرے درجے کے نقاد تھے۔ مگر سادگی پر زور دے کر انہوں نے ورڈسورتھ کے نظریۂ شعر کی یاد تازہ کی اور اصلیت کی اہمیت کو واضح کرکے گرد و پیش کے حقائق کا احساس دلایا اور عالم فطرت اور فطرت انسانی کے

سارے امکانات سے کام لینے کی طرف مائل کیا۔

اگر حالیؔ پر اعتراض مقصود ہو تو ہم کہہ سکتے ہیں کہ انہوں نے شاعری کے مقصدی اور تبلیغی پہلو پر ضرورت سے زیادہ زور دیا۔ اور غزل کی اصلاح کے لیے ایسے مشورے دیے جو آج بڑی حد تک قابل قبول ہیں۔ وہ لکھنؤ اسکول کے فکر و فن کے ساتھ انصاف بھی نہ کر سکے۔ مگر انہوں نے شاعری کو اعلیٰ سنجیدگی عطا کی، اسے مریض انفرادیت سے نکال کر صحت مند سماجی تحریکوں سے آشنا کیا۔ ان کا فن کا تصور فکری گہرائی رکھتا ہے اور ایک خاصے جامع تصور حیات کا آئینہ دار ہے۔ ان کا غزل کے متعلق یہ کہنا کہ یا تو عمارت میں ترمیم ہوگی یا عمارت نہ ہوگی۔ ان کی بالغ نظری کا ثبوت ہے۔ مگر جو نقاد سرسید کی تحریک سے ابھرے ان میں شبلیؔ فنون لطیفہ کی اہمیت سے زیادہ واقف ہیں۔ اسی سے وہ روانی کے مقابلے میں خوش نوائی پر اور سادگی کے مقابلے میں ادا پر زیادہ زور دیتے ہیں۔

بقول ایک نقاد کے حالیؔ کے یہاں خشک نیکی کے لیے گنجائش ہے، شاعرانہ جھوٹ کے لیے نہیں۔ شبلیؔ کو اس شاعرانہ جھوٹ کی دلفریبی کا زیادہ احساس ہے۔ سماجی اور اخلاقی پہلوؤں پر حالیؔ اور شبلیؔ دونوں نے زور دیا ہے مگر جمالیاتی پہلو پر شبلی کی نظر زیادہ ہے۔ حالیؔ ان تمام لوگوں کے رہنما ہیں، جو شاعری کی سماجی بنیاد کو مانتے ہیں اور شبلی نے ان لوگوں کو تقویت پہنچائی جو بیسویں صدی میں تاثراتی تنقید یا رومانی لہر کے مظہر کہے جاسکتے ہیں۔ مہدی افادی اور سجاد انصاری شبلی کے یونہی قائل نہیں تھے۔

اردو ادب میں سرسید کی تحریک، ہندوستان کی نشاۃ ثانیہ کی پیداوار ہے جو سب سے پہلے بنگال میں رونما ہوئی۔ اس تحریک کو ہر جگہ کچھ دیو پیکر افراد ملے جو مغربی افکار کے اثر سے ہندوستان میں ذہنی انقلاب لانا چاہتے تھے۔ قدرتی طور پر ان کی توجہ مذہب اور معاشرت کی اصلاح اور پھر سیاسی جدوجہد پر رہی، مگر انہیں اپنے افکار کو عام کرنے کے

لیے ادب کے پرانے تصور کی نارسائی واضح کرنی پڑی اور اس طرح انہوں نے ایک نئے ادب کی بنیاد ڈالی۔ ہر تخلیق کے جواز کے لیے ایک تنقید کی ضرورت ہوتی ہے جس میں آگے بڑھنے کے لیے ماضی پر تنقیدی نظر ڈالی جاتی ہے۔ ماضی قریب کو چھوڑ کر ماضی بعید کی بعض بھولی بسری روایات تازہ کی جاتی ہیں، نئے خیالات لینے پر زور دیا جاتا ہے اور پرانے خیالات کی ترمیم و تنسیخ کا عمل شروع ہوتا ہے۔ اس عمل کا اثر زبان پر بھی پڑتا ہے۔ سرسید کی تحریک نے نہ صرف عقلیت، حقیقت پسندی، افادیت اور سماجی ضروریات کی اہمیت کو منوایا، اس نے علمی زبان بنائی اور نثر کا ایک قابل قدر سرمایہ دیا۔

سرسید کی تحریک کے اثر سے ایک نئی مشرقیت بیدار ہوئی۔ یہ نئی مشرقیت خاصی جذباتی ہے مگر اس کی مشرقیت مغرب کے اثر کی مرہون منت ہے۔ امداد امام اثر، چکبست، مہدی افادی کو اپنے ادبی سرمائے سے محبت ہے۔ ان کے یہاں اخلاقی اور اصلاحی معیاروں کی سخت گیری کم ہے۔ امداد امام اثر سنسکرت کی شاعری کی عظمت کا اعتراف کرتے ہیں۔ غزل کی اصلاح کے سلسلے میں ان کا خیال حالیؔ سے جداگانہ ہے، وہ مشیران اصلاح کی خدمت میں یہ گزارش کرتے ہیں کہ اس میں بے موقع دست اندازی نہ فرمائیں۔ چکبست، داغؔ کی شاعری کو عیاشانہ کہتے ہوئے اس کی خوبیوں کے منکر نہیں ہیں اور لکھنؤ اسکول کے فکر و فن کی خوبیاں بھی اجاگر کرتے ہیں۔ نئے ادب سے ان کی محبت ایک تہذیبی قدر و قیمت رکھتی ہے۔

وحید الدین سلیم کی مشرقیت صرف اپنے پرانے سرمائے کی خامیاں دیکھنے پر قناعت نہیں کرتی، مثنوی اور رباعی میں مقررہ اوزان کی قیود کو دور کرنے کی سعی بھی کرتی ہے۔ عبدالحق تحقیق سے مدد لے کر تنقید کی بنیادیں استوار کرتے ہیں۔ وہ میرؔ کے غم میں غم روزگار کی پرچھائیاں دکھا کر اس غم کو آفاقی عظمت عطا کرتے ہیں۔ وہ حالیؔ کے معیاروں

کو اور وزن و وقار عطا کرتے ہیں اور مغربی ادب سے مدد لے کر تبصرہ نگاروں کا ایک بلند معیار قائم کرتے ہیں۔ انہوں نے محمد قلی قطب، ولیؔ، میرؔ، میر امنؔ، انشا کی اہم خصوصیات کو اپنے دور کے لیے بڑی خوبی سے سمیٹ لیا ہے۔ مگر وہ نقاد سے زیادہ محقق ہیں اور تنقید میں حالیؔ کے تاثرات و تعصبات کو بھی برقرار رکھتے ہیں۔ حسرتؔ کی نئی مشرقیت قدیم شاعری کے تاریک گوشوں کو روشن کرتی ہے۔ مصحفیؔ اور قائم کو ان کا حق دلاتی ہے اور انتخاب سخن کے ذریعہ سے مذاق سخن (Taste) کی ترویج کرتی ہے۔ مگر کلاسیکل آن بان کو مقبول بنانے پر قانع ہے۔

نئی مشرقیت مخزن کے اثر سے کچھ اور آزاد، رومانی اور نئے صنم خانوں کی شیدائی بنتی ہے۔ یہ فن کاروں کو خاصی آزادی دیتی ہے اور فنون لطیفہ سے ایک نئے عشق میں ظاہر ہوتی ہے۔ بجنوری کے یہاں اس نے قدر شناسی (Appreciation) میں تخلیقی شان دکھائی ہے۔ محاسن کلام غالبؔ تنقید نہیں مگر مغرب کے معیاروں سے اپنے ایک دیو پیکر شاعر کی ذہنی رو کو سمجھنے کی ایک قابل قدر کوشش ہے۔ بجنوری نے ٹیگور کی گیتان جلی اور کلام غالب، دونوں کے سلسلے میں شاعر کی بازیافت کی کوشش کی ہے اور مقدس آتش خانوں کی آنچ کو پڑھنے والوں تک پہنچانے کی یہ مخلصانہ سعی عقلیت اور خشک قاموسیت کے بہت سے مظاہروں سے بہتر ہے۔ غالبؔ کے یہاں حکیمانہ شعور کی طرف اشارہ، ان کی اس قدر شناسی کو واقعی قابل قدر بنا دیتا ہے۔

عظمت اللہ خاں کے یہاں ان کے دور کے منتشر جلوے ایک واضح نظریے کی شکل اختیار کر لیتے ہیں۔ وہ بریڈلے کی اس تعریف کو مانتے ہیں کہ تخیلی پیکروں کا پیدا کرنا شاعری ہے۔ انہوں نے تشبیہ کو شاعری کی جان قرار دیا ہے۔ ان کے نزدیک شاعر کے پاس وہ جادو کی چھڑی جس کے چھوتے ہی کچھ نہیں سے تصویروں کا مرقع نکل آتا ہے،

تشبیہ ہے۔ وہ تخیل کی مسرت اور لذت کو پہچانتے ہیں اور میرے نزدیک تخیل کی پرستش کی بنیادی اہمیت کا یہ احساس اور ماضی کے شعری سرمائے خصوصاً غزل سے یہ بیزاری ان کی رومانیت کی دلیل ہے کیونکہ بہر حال تخیل کی پرستش کا دوسرا نام ہے۔ جمالیات کے مطالعے نے ان پر یہ واضح کر دیا تھا کہ حسن موزونیت اور احساس تناسب سے عبارت ہے جس میں تمام اجزاء مل جل کر ایک وحدت رکھتے ہیں۔ یہ وحدت فارم کی وحدت ہے جو غزل میں ناپید ہے۔

اس لیے وہ حالیؔ اور سلیمؔ کی طرح غزل کی اصلاح کافی نہیں سمجھتے، صاف کہتے ہیں کہ "غزل کی گردن بے تکلف ماردینا چاہیے۔" وہ ہماری عروض کی بندشوں سے بہت نالاں ہیں اور ہندی پنگل کے مطابق نہ صرف خود نظمیں کہتے ہیں بلکہ اردو میں اسے عام بھی کرنا چاہتے ہیں۔ عظمت اس طرح شاعری کے موضوعات اور زبان پر عجمی اثرات کو کم کر کے ہندوستانی موضوعات اور ہندی کے الفاظ کی لے بڑھانا چاہتے ہیں اور سانیٹ کے دلچسپ تجربے بھی کرتے ہیں۔

ہمارے یہاں رومانی تحریک نہیں ہے، رومانی لہریں ہیں جو تنقید میں تاثراتی رنگ دکھاتی ہیں۔ نیاز، ابوالکلام کی طرح مذہبی و علمی مسائل کی چھان بین میں عقلیت سے چلے تھے مگر ادب لطیف نے انہیں اپنی طرف کھینچا اور پھر وہ ادب کو ہی عبادت سمجھتے رہے۔ دلچسپ بات یہ ہے کہ ادب میں وہ مانوس حسن کے دلدادہ ہیں۔ شاید اس وجہ سے کہ وہ عربی، فارسی ادب پر گہری نظر رکھتے ہیں اور اس نظر نے انہیں زبان کے معاملے میں خاصا کٹر بنا دیا ہے۔ وہ موضوعات کی پروا نہیں کرتے اور صرف یہ دیکھتے ہیں کہ شاعر جو لکھنا چاہتا ہے وہ واقعی الفاظ سے ادا بھی ہوتا ہے یا نہیں۔ مومنؔ انہیں اس لیے پسند ہیں کہ وہ تغزل کے آداب برتتے ہیں۔ نظیرؔ کے یہاں انہیں صرف چٹکلے بازی نظر آتی ہے۔

اس لیے ہمارے یہاں نیازؔ کے اثر سے تاثراتی تنقید کی لے اور بڑھی مگر بدلتے ہوئے سماجی شعور نے اس کے اثرات مستحکم نہ ہونے دیے۔ تاثراتی تنقید میں مجموعی طور پر گرمی تو ہے مگر روشنی کم ہے۔

ادب کو جیسے جیسے مذہبی یا اخلاقی بندشوں سے آزادی ملتی جاتی تھی، ادبی تنقید کو فروغ ہوتا جاتا تھا مگر پہلی جنگ عظیم کے بعد ہندوستان کی آزادی کی تحریک نے جب عوامی شکل اختیار کی اور قومیت کا احساس ہوا تو سیاسی کشمکش نے ادب پر بھی اثر ڈالا۔ اقتصادی حقائق نے اپنی طرف متوجہ کیا۔ سستی جذباتیت، مریض رومانیت اور کج رو انفرادیت کے خطروں کا احساس ہوا، دنیا کے ایک ہونے کے احساس نے عالمی قدروں کی طرف مائل کیا۔ زندگی کی بڑھتی ہوئی پیچیدگی نے زندگی اور ادب کے متعلق نئے سوالات کے جواب کی ضرورت محسوس کی۔ اقبال نے اپنے دیباچوں میں فن کو فکر کا فارم ٹھہرایا اور فکر میں حرکت، قوت اور خودی کی علمبرداری کی مگر ترقی پسند تحریک نے جو سرسید کی تحریک کے بعد اردو ادب میں دوسری بڑی تحریک ہے، تنقید کو تخلیق کے طفیلی کے درجے سے بلند کر کے اسے ادب کی رہبری کا دعوے دار بنایا۔

پرانی تنقید صرف فن کی تشریح پر زور دیتی تھی، رومانی و تاثراتی لہر نے فن کار کو بھی اہمیت دے دی تھی مگر ترقی پسند تنقید نے پڑھنے والوں کو بھی اہمیت دی۔ تنقید کو ایک سائنسی طریقہ کار عطا کرنے کی کوشش کی اور جدید علوم کی معلومات کی مدد سے ادب کے مطالعے میں گہرائی اور تازگی پیدا کی۔

ترقی پسند تنقید کو صحیح بنیاد پریم چند کے خطبے سے ملی۔ اس سے پہلے کی تحریریں زیادہ تر تبلیغی ہیں۔ پریم چند نے اعلان کیا کہ ادیب کا مشن نشاط اور محفل آرائی اور تفریح نہیں۔ وہ وطنیت اور سیاست کے پیچھے چلنے والی حقیقت نہیں بلکہ ان کے آگے مشعل

دکھاتی ہوئی چلنے والی حقیقت ہے، گویا انہوں نے سیاست اور ادب کے رشتے کو ملحوظ رکھتے ہوئے اور ادب کے مخصوص عمل کو تسلیم کرتے ہوئے اسے ایک شمع ٹھہرایا تھا جو زندگی کے راستے کو روشن کرتی ہے۔ انہوں نے یہ بھی کہا تھا کہ ہمیں حسن کا معیار بدلنا ہوگا، اور اس سے ان کی مراد یہ تھی کہ موزونیت، تناسب، ہم آہنگی صرف مانوس سانچوں میں نہیں زندگی کے ان گنت مظاہر اور انسانی اعمال وافعال کے گوناگوں کرشموں میں بھی جھلکتے ہیں اور ہمارا فرض ہے کہ آج کی زندگی میں حسن کے ہر رنگ کو دیکھیں اور دکھائیں۔

ترقی پسند تنقید خالص مارکسی نہیں رہی۔ مگر مارکسزم کا اثر اس پر سب سے گہرا رہا۔ جب تک اس نے قدیم ادب پر توجہ نہیں کی، حسن کاری کے آداب کو نظر انداز کیا۔ فن کے پیچ وخم کو بورژوا طلسم بندی کہہ کر یاد کیا۔ تجربات کے شوق میں اشاریت پرستی کو ہوا دیتی رہی اور حقیقت نگاری کے نام پر جنس کی کیچڑ اچھالتی رہی یا امراض کی تشریح کرتی رہی، اس وقت تک وہ سطحی رہی مگر جب اس نے قدیم ادب کے قیمتی عنصر سے رشتہ جوڑا، ترسیل وابلاغ کے مسائل پر توجہ کی، مریض انفرادیت پر سماج کی ضرورت کی حد قائم کی، ہنگامی واقعات کے بجائے عصری میلانات کو سمونے لگی، غزل کی آمریت کے خلاف آواز بلند کرنے لگی، نظم کے تعمیری امکانات اور نثر کے جامع شعور کی طرف اشارہ کرنے لگی، تو اس نے ایک مفید اور قابل قدر خدمت انجام دی۔

ان لوگوں میں جنہوں نے ترقی پسند تنقید کو وزن و وقار عطا کیا، مجنوںؔ، فراقؔ، احتشام حسین، عبدالعلیم اور ممتاز حسین کے نام قابل ذکر ہیں۔ ترقی پسند تحریک دراصل اگر وقتی سیاست کا اتنا شکار نہ ہوتی، کلاسکس کا وہ احترام کرتی جو کارل مارکس نے سکھایا ہے۔ جمالیات کو اس طرح اپناتی جس طرح لوکاچ نے مغربی حقیقت نگاری کے مطالعے

میں کوشش کی ہے۔ ادب سے ذہنی بیداری کا کام لیتی اور اسے سیاسی پروپیگنڈے کے لیے استعمال نہ کرتی تو روس میں جدید اردو ادب کا اتنا ایک رخا تصور نہ ہوتا اور ہندوستان میں اس کی خدمات کا بہتر احساس ہوتا۔ فیضؔ اور فراقؔ پر سردار جعفری کے اعتراضات اس کی سطحیت کو ظاہر کرتے ہیں۔

مگر اردو میں ادب اور سائنس کو قریب لانے میں ترقی پسند تحریک کا بڑا ہاتھ ہے۔ سائنس نے دیومالا کے مفروضات کو باطل ٹھہرا دیا ہے مگر دیومالا کے مفروضات میں جو تاریخی حقائق پوشیدہ ہیں، ادب ان کے رمزی اور ایمائی استعمال سے برابر کام لے سکتا ہے۔ سماجی علوم کی معلومات کو خطیبانہ انداز میں یا بجنسہ پیش کر کے ادب ادب نہیں رہتا۔ ان معلومات کو جمالیاتی معنویت عطا کرنی چاہیے۔ اس جمالیاتی معنویت کی تلاش ابھی تک عام نہیں ہے ہاں اس کا احساس کچھ لوگوں کے یہاں ضرور ملتا ہے۔

سستی سیاسی تاویلوں اور سطحی علمی نظریوں کا رد عمل ہمیں مغرب کے ایک اور مقلد کلیم الدین احمد کے یہاں ملتا ہے، جو رچرڈس سے متاثر ہیں اور لیوسؔ کے شاگرد ہیں۔ رچرڈس سائنسی تنقید کے علمبردار اور ایک عالم گیر اثر کی حیثیت سے اردو تنقید کو متاثر کرنے میں کامیاب ہوا ہے۔ شاعرانہ تجربات کے لیے اس نے قدر کا جو نفسیاتی نظریہ پیش کیا ہے وہ خاصا مبہم ہے مگر تجربات، تجربات کے امتیاز، قدروں کی تلاش، عملی تنقید میں متن پر توجہ کے اثرات کلیم الدین کے علاوہ اس دور کے دوسرے نقادوں پر بھی پڑے ہیں۔ مگر کلیم الدین کے یہاں رچرڈس کی سائنسی نظر سے زیادہ لیوس کی بت شکنی ہے۔ کلیم الدین کے یہاں عالمی معیاروں پر زور صحیح ہے، فارم کا احساس بھی مناسب ہے مگر ہندوستانی ادبیات کا گہرا مطالعہ اور ہندوستانی تہذیب کا عرفان نہیں ہے۔

وہ اس مطلقیت (Absolutism) کا شکار ہیں جس کے خطرے کی طرف ویلکؔ

نے اشارہ کیا ہے۔ ایک کٹّر عینیت پسند ہونے کی وجہ سے وہ زندگی کے دوسرے نظریوں کا بے لاگ اور بے تعصبانہ مطالعہ نہیں کر پاتے۔ ان کے یہاں ذوق سلیم کے بجائے ایک سرد علمیت ہے جو مدرسہ و خانقاہ میں پرورش پاتی ہے اور زندگی کو ہمالہ کی چوٹی سے دیکھنا چاہتی ہے، پھر بھی میں ان کی مغربیت کو جذباتی مشرقیت پر ترجیح دیتا ہوں۔

فرائڈ آیڈلر اور ینگ کے اثرات بھی اردو تنقید پر پڑے ہیں۔ میر آجی اور ان کے ساتھیوں نے فرائڈ کے خیالات کی سستی تاویلیں کر کے ادبی تنقید کو کیس ہسٹری بنا دیا تھا۔ خود فرائڈ کو جدید نفسیات نے پیچھے چھوڑ دیا ہے۔ مگر ہمارے یہاں تحلیل نفسی کی مدد سے فن کار کی شخصیت کے پیچ و خم متعین کرنے کی کوشش ابھی جاری ہے۔ گو حال میں یہ احساس بھی ہونے لگا ہے کہ ینگ کے افکار اور ماوہاڈکن کے نظریات پر زیادہ توجہ کی ضرورت ہے۔ مگر جدید نفسیات نے جس طرح فن کے تجزیے پر زور دینا شروع کیا ہے اور لفظ اور معنی کے پراسرار رشتوں کی جس طرح گرہ کشائی کی ہے، میں اسے زیادہ اہمیت دیتا ہوں۔

آزادی کے بعد ہندوستان اور پاکستان کے اردو ادب میں ایک بنیادی فرق ہوا ہے۔ عسکری کی بڑھی ہوئی اور ایک حد تک مریض انفرادیت نے ادب کی خاطر انسان کے بجائے آدمی کی پرستش شروع کی ہے۔ یہ آدمی فرانسیسی اشاریت پرستوں سے بہت ملتا جلتا ہے۔ ادب میں کسی دم چھلے کا قائل نہیں اور لاشعوری اور جبلی خواہشوں کو انسانی تہذیب کی اعلیٰ قدروں کے مقابلے میں زیادہ عزیز رکھتا ہے۔ پاکستان میں چونکہ صحت مند سماجی شعور کے بے محابا اظہار پر پابندیاں ہیں، اس لیے ادب کے فروغ کے نام پر ایک مریض انفرادیت پروان چڑھ رہی ہے، جو ادب کے کارناموں کو فقروں اور چٹکلوں میں ٹرخا دیتی ہے۔ ہندوستان میں اس کے بجائے شخصیت پرستی بڑھ رہی ہے جس نے

ہندوستانی ادبیات کی بڑھتی ہوئی مقبولیت سے غلط فائدہ اٹھایا ہے، مگر مجموعی طور پر ہندوستان میں اردو تنقید اب بھی خاصی غیر شخصی، سنجیدہ اور اعلیٰ افکار و اقدار کا سہارا لے کر چلتی ہے۔

تذکروں کے فنی معیار کے بجائے سرسید کی تحریک نے ایک مقصدی، افادی، اخلاقی اور اصلاحی نقطۂ نظر پر زور دیا اور یہ مغرب کے اثر سے ہوا۔ اسی مغرب کے اثر نے پھر ایک نئی مشرقیت کو ہوا دی، جو ایک طرف اپنے سرمائے کو کھنگالتی رہی اور اسے زیادہ وقیع ثابت کرتی رہی اور دوسری طرف رومانیت کی ترنگ میں کبھی تاثراتی ہوئی اور کبھی تجرباتی۔ پھر آزادی کی عوامی جدوجہد اور سیاسی حالات نے ترقی پسند تحریک کو جنم دیا جس کی مقصدیت واضح تھی، مگر جو عمل میں خام ہونے کے باوجود اپنے دائرے میں خاصا جدید اور جامع شعور رکھتی تھی۔ اس کے رد عمل کے طور پر ایک طرف سستا نفسیاتی تجزیہ شروع ہوا جسے جلد ہی سنجیدہ حقائق کے شعور نے روک دیا۔

دوسری طرف عالمی معیاروں کی متشدد پیروی شروع ہوئی، حال میں یہ احساس ہوا ہے کہ ادب کے مخصوص دائرے اور اس کے بنیادی تقاضوں کو تسلیم کرتے ہوئے ہمیں ایک ایسی نئی جمالیات کی ضرورت ہے جس میں سماجی اور اخلاقی قدروں کا احساس ہو اور جو فن کی نزاکتوں پر نظر رکھے مگر ان میں اسیر ہو کر نہ رہ جائے، اور جو اپنی سرزمین اور ماحول سے رشتہ رکھتی ہو۔ لسانیات کی بڑھتی ہوئی مقبولیت نے چلن اور بول چال کی زبان کا نیا احترام سکھایا ہے۔ تحقیق نے ادبی تاریخ کو صحت عطا کی ہے اور ہندوستان کی پوری تاریخ پر توجہ نے اپنی تہذیبی بساط کے احساس کے ساتھ ہندوستانی زبانوں کے ایک دوسرے پر اثرات اور انگریزی کے ان سب پر اثرات کی اہمیت واضح کر دی ہے۔

آج تنقید کا کام تخلیق کو اور باشعور اور تحسین کو اور باذوق بناتا ہے۔ تنقید تہذیب کی

تاریخ کا ایک جز ہے۔ اس میں ہندوستانی تہذیب کی روح کی بھرپور جلوہ گری ضروری ہے۔ اردو اس لحاظ سے دوسری ہندوستانی زبانوں سے زیادہ خوش قسمت ہے کہ اسے ایشیائی عناصر پر بھی دسترس ہے اور عالمی افکار سے اس کی شناسائی کسی سے کم نہیں، اس لیے ذہنی صحت کا معیار قائم کرنے کے لیے اسے تاریخیت یا مطلقیت کے بجائے جامعیت (Perspectivism) کے سہارے چلنا ہے اور ادب پاروں کے ذریعہ سے مہذب و مرتب ذہن کی جلوہ گری اور قدروں کی جو تنظیم ہوتی ہے اور حسن کے جس احساس میں یہ جلوہ گر ہوئی اسے عام کرنے کی خاطر ذوق سلیم کی اشاعت کرنا اور زندگی کی بصیرت میں اضافہ کرنا ہے۔

***

۸

اردو شاعری میں خمریات

آل احمد سرور

شعر و ادب میں شراب کا ذکر اس کثرت سے کیوں ہوتا ہے یہ تو اس پرانے گنہگار سے پوچھئے جو مست جام شراب ہونا کافی نہیں سمجھتا بلکہ غرق جام شراب ہونا چاہتا ہے۔ میں تو توبۃ النصوح قسم کا آدمی ہوں، دور سے تماشہ دیکھنے والا! میں آپ کو صرف یہ بتا سکتا ہوں کہ ہمارے رند کس شراب سے مست ہیں۔ ان کی شراب نئی ہے یا پرانی، شراب طہور ہے یا شراب پرتگالی، ان کی مستی بادہ و ساغر والی مستی ہے یا وہ صرف "کیفیت چشم" دیکھ کر مست ہو گئے ہیں، وہ بے پئے ہی جھومتے جاتے ہیں "یا نظر کو چند موجوں پر جما کر بے خبر" ہو گئے ہیں۔

اردو شاعری کا ابھی بچپن تھا کہ اس پر فارسی کا اثر شروع ہوا۔ فارسی غزل کی جان ہی عشق و محبت کی داستانیں اور رندی و سرمستی کے مرقعے ہیں۔ یہ رندی و سرمستی اردو میں کیسے نہ آتی۔ آئی اور خوب آئی۔ پہلے پہل لوگ پیتے کچھ اور تھے اور ان کی مستی کسی اور قسم کی ہوتی تھی۔ آگے چل کر ان کی شراب اور ان کی مستی دونوں اس دنیا کی چیزیں ہو گئیں۔ پھر وہ زمانہ بھی آیا جب بے پئے مست ہوتے تھے اور اچھے اچھے پرہیزگار شراب کے مضامین اس وجہ سے باندھتے تھے کہ ان کے بغیر غزل مکمل نہیں سمجھی جاتی

تھی۔ خمریات کے عناصر میں شراب، ساقی، پیر مغاں، جام وساغر، مستی و سرشاری، باغ وبہار سب آجاتے تھے۔ میخانہ کا مقابلہ مسجد سے ضرور تھااور واعظ، محتسب یازاہد یاشیخ کی پگڑی اچھالنی بھی لازم تھی۔ یہی سب مضامین فارسی میں صدیوں تک باندھے گئے۔ اردو میں بھی ان کی تقلید ہوئی۔

جس طرح فارسی کے آغاز میں تصوف کا اثر بہت گہرا ہے۔ اسی طرح اردو کی ابتدائی شاعری بھی تصوف کے رنگ میں ڈوبی ہوئی ہے۔ یہ وہ زمانہ تھاجب شاعری اور درویشی مترادف الفاظ تھے۔ صوفیوں کی طریقت کا راستہ شریعت سے الگ تھا۔ شریعت ظاہری حالت پر زور دیتی تھی، طریقت میں باطنی کیفیت سب کچھ ہوتی تھی۔ عالم باطنی کے مدارج طے کرنے اور معرفت الٰہی حاصل کرنے کے لیے عشق مجازی کے زینے سے بھی گزرنا پڑتا تھالیکن اس عالم میں اصطلاحات کے معنی کچھ اور تھے۔ یہاں شراب سے عرفان، ساقی سے ساقی روز اول اور پیر مغاں سے پیر طریقت مراد تھے اور شیخ یازاہد کی تضحیک اس وجہ سے کی جاتی تھی کہ وہ ظاہری حالت کو دیکھتا ہے باطن پر نظر نہیں کرتا۔ جب تک تصوف کا دور دورہ رہااس قسم کے مضامین میں کوئی چیز ایسی نہ ہوتی تھی جس کا اطلاق حقیقی رنگ پر نہ ہو سکے۔ تصوف کے مضامین کو اس طرح بیان کرنا کہ غزل کی لطافت قائم رہے اور معرفت الٰہی کے مضامین عشق مجازی سے بالکل بے میل نہ ہو جائیں یہی قدماء کا کمال تھا۔

اردو میں ولیؔ سے لے کر دردؔ تک کا کلام دیکھئے۔ شراب کے مضامین ان بزرگوں کے یہاں بکثرت ملتے ہیں بلکہ ولیؔ اورنگ آبادی کے دیوان کی بعض ردیفوں سے معلوم ہوتا ہے کہ وہ اس مادی حسن و عشق سے بھی ناآشنا نہ تھا مگر بحیثیت مجموعی ان کے یہاں شراب کے مضامین سے وہی شراب معرفت مراد ہے۔ یہ مضامین تغزل کے دائرے

میں بیان ہوتے ہیں۔

آلودہ کیوں نہ ہوئے دامانِ پاک زاہد
جب دست نازنیں میں جام شراب ہووے
ولیؔ

شب وروز اس طرح گزرے ہیں اپنی تو نہ پوچھو کچھ
صراحی صبح کو گر ہاتھ ہے تو شام ہے شیشہ

درد

نگاہ مست ان نکھوں کی ٹک ایدھر بھی ہو ساقی
کہ ہم کو حوصلوں کے حق میں ہر اک جام ہے شیشہ

درد

آتش مے سے جو زاہد نے اسے بھڑکایا
زاہد خشک ہوا خوب ہی تر پانی میں
دردؔ

اسی زمانہ میں ظاہری حالت پر طعن کرنے والوں کو شاعر کی طرف سے یہ زبردست جواب دیا گیا تھا،

تر دامنی پر شیخ ہماری نہ جائیو
دامن نچوڑ دیں تو فرشتے وضو کریں

دردؔ اور میرؔ کا زمانہ ایک ہی ہے لیکن میرؔ کے یہاں جو اشارے ملتے ہیں ان میں تصوف کی چاشنی سے زیادہ عشق مجازی کی گرمی ملتی ہے۔ میرؔ کے والد ایک درویش صفت آدمی تھے۔ مرتے وقت بیٹے کو نصیحت کر گئے تھے کہ "عشق اختیار کرو۔" اس کے ساتھ

دل نہایت درد مند اور گداز پایا تھا۔ چنانچہ میرؔ کی شاعری میں عشق و محبت کی سچی اور بے لاگ تصویریں ملتی ہیں۔ ان کا عام نقطۂ نظر صوفیانہ ہے لیکن ایک غزل ان کے یہاں ایسی ہے جس کے پڑھنے سے معلوم ہوتا ہے کہ اس میں کچھ یہاں کی چیز بھی ملی ہوئی تھی۔ پوری غزل مرصع ہے اور خمریات کا بہترین نمونہ ہے۔ جو اشخاص میرؔ کو صرف مصورِ غم کا درجہ دیتے ہیں وہ دیکھیں کہ اس غزل میں کتنے جوش سے فلسفۂ عیش و مسرت کی تلقین کی گئی ہے۔

شیخ جی آؤ مصلیٰ کرو جام کرو
جنس تقویٰ کے تئیں صرف مے و جام کرو
فرش مستاں کرو سجادہ بے تہ کے تئیں
مے کی تعظیم کرو شیشہ کا اکرام کرو
دامن پاک کو آلودہ رکھو بادے سے
آپ کو مغبچوں کے قابل دشنام کرو
نیک نامی و تفاوت کو دعا جلد کہو
دین و دل پیش کش سادۂ خود کام کرو
ننگ و ناموس سے در گذرو جوانوں کی طرح
پر فشانی کرو اور ساقی سے ابرام کرو
اٹھ کھڑے ہو جو جھکے گردن مینائے شراب
خدمتِ بادہ گساراں بھی سر انجام کرو
خنکی اتنی بھی تو لازم نہیں اس موسم میں
پاس جوش گل و دل گرمیٔ ایام کرو

سایۂ گل میں لب جو پہ گلابی رکھو
ہاتھ میں جام کو لو آپ کو بدنام کرو
آہ تا چند رہو خانقہ و مسجد میں
ایک تو صبح گلستاں میں بھی شام کرو

میرؔ کے علاوہ ان کے زمانے میں بھی اور بعد بھی شراب کے مضامین برابر ملتے ہیں۔ انشاؔ جیسا درباری شاعر بھی برف لگا کر صراحی مے طلب کرتا ہے۔ ناسخؔ و آتشؔ کے بیان خمریات میں رسمی انداز آچلا تھا۔ یہ لوگ نہ تو بادۂ تصوف کے ذوق چشیدہ تھے نہ رند شاہد باز۔ ان کے یہاں شراب کے مضامین اس وجہ سے باندھے گئے ہیں کہ ان سے پہلے باندھے جاتے تھے۔ خصوصاً محتسب کا ذکر تو تمام تر رسمی ہے اس لیے کہ ان کے زمانے میں اس کا ڈر بھی نکل گیا تھا ہاں ناصح و واعظ سے عداوت چلی آتی تھی۔ اس زمانے میں غالبؔ کی خمریات خاص طور پر قابل ذکر ہیں۔ جس طرح عربی میں ابونواس اور فارسی میں خیام کی خمریات مشہور ہیں اسی طرح اردو میں غالبؔ کی۔

غالبؔ نے ایک جگہ لکھا ہے مشاہدہ حق کی گفتگو میں بادہ و ساغر کے بغیر کام نہیں چلتا لیکن اس سے یہ غلط فہمی نہ ہونی چاہیے کہ غالبؔ کے یہاں شراب کے مضامین تصوف والی شراب کے یا رسمی طور پر ہیں۔ ان کی شراب صاف صاف شراب پر 'نگالی ہے۔ انہیں بہشت اگر عزیز ہے تو اس شراب کی وجہ سے۔ ان سے جب کوئی کہتا ہے کہ شرابی کی دعا قبول نہیں ہوتی تو وہ فوراً جواب دیتے ہیں کہ جسے شراب میسر ہو اسے اور کیا چاہئے؟ ان کے محبوب کا سب سے بڑا حسن یہ ہے کہ وہ چہرہ فروغ مے سے گلستاں کئے ہوئے ہے۔ ان کی محفل کا ہر گوشہ شیشہ باز کا سر ہے۔ ان کی ہوا میں شراب کی تاثیر ہے، وہ اپنی مستی کی آڑ میں محبوب سے بے تکلف بھی ہو جاتے ہیں۔ بہشت و دوزخ کا استہزاء بھی اسی ذیل

میں آتا ہے۔ بہت سی مثالیں دینے کی ضرورت نہیں، غالب کے بیشتر اشعار عام طور پر لوگوں کی زبان پر ہیں۔ چند پر اکتفا کی جاتی ہے،

پھر ہوا وقت کہ ہو بال کشا موج شراب
دے بط مے کو دل دوست شنا موج شراب

پوچھ مت وجہ سیہ مستی ارباب چمن
سایۂ تاک میں ہوتی ہے ہوا موج شراب

وہ شئے کہ جس کے لیے ہو ہمیں بہشت عزیز
سوائے بادہ گلفام مشک بو کیا ہے

کون ہوتا ہے حریف مے مرد افگن عشق
ہے مکرر لب ساقی پہ صلا میرے بعد

قرض کی پیتے تھے مے لیکن سمجھتے تھے کہ ہاں
رنگ لائے گی ہماری فاقہ مستی ایک دن

پر پروانہ شاید بادبان کشتی، مے تھا
ہوئی مجلس کی گرمی سے روانی دور ساغر کی

کل کے لیے کر آج نہ خسّت شراب میں
یہ سوئے ظن ہے ساقی کوثر کے باب میں

جانفزا ہے وہ جس کے ہاتھ میں جام آگیا
سب لکیریں ہاتھ کی گویا رگ جاں ہو گئیں

گو ہاتھ میں جنبش نہیں آنکھوں میں تو دم ہے
رہنے دو ابھی ساغر و مینا میرے آگے

اور دیکھئے توبہ کرلی ہے۔ ساغر و مینا توڑ چکے ہیں لیکن پھر بھی کس مزے سے ان کا ذکر کرتے ہیں۔

توڑ کر بیٹھے ہیں ہم جام و سبو پھر ہم کو کیا
آسماں سے بادۂ گلفام گر برسا کرے

واعظ کے متعلق یہ بلیغ شعر بہت سی پھبتیوں سے اچھا ہے۔ اس میں نہ تو ذوقؔ کی طرح اس کی داڑھی کو شراب سے رنگا ہے نہ ناسخؔ کی طرح اس کی داڑھی کا ہر بال تبرک کرلیا ہے بلکہ اس کے ظاہر و باطن پر عجیب لطف سے تبصرہ کیا ہے۔

کہاں میخانہ کا دروازہ غالبؔ اور کہاں واعظ
پر اتنا جانتے ہیں کل وہ جاتا تھا کہ ہم نکلے

غالبؔ کی خمریات میں ان کی رفعت تخیل اور لطافت بیان کے ساتھ ان کا شوق میکشی بھی شریک ہے۔ اس شوق میکشی کی وجہ سے ان کے اشعار میں شراب کی تمام مستی موجود ہے اور کہیں کہیں تو اس کی یہ کیفیت ہے کہ،

آبگینہ تندیٔ صہبا سے پگھلا جائے ہے

اس تندی صہبا کے تمام مدارج پیش کئے جاسکتے ہیں لیکن یہ ایسی ہی کوشش ہوگی جیسے غالبؔ کے رشک کے مضامین کو سلسلہ وار بیان کرنے کی۔ آپ نے دیکھا کہ خمریات کا رنگ غالبؔ کے یہاں سب سے نمایاں ہے۔ یہ نہ رسمی ہے نہ صوفیانہ بلکہ یہ ان کی زندگی کا آئینہ دار ہے۔ ان کے بعد داغؔ نے بھی خمریات کے تمام مدارج کو اپنی غزلوں میں برتا۔ داغؔ کا حال بھی غالب کا سا ہے۔ دونوں ہم مشرب ہیں۔ داغؔ کی شوخی و بیباکی رندانہ مضامین میں خوب نمایاں ہوتی ہے۔ اور اگر انہیں کوئی محاورہ نظم کرنے کا موقع مل جاتا ہے تو شعر اور بھی چمک جاتا ہے۔ ان کے یہاں طنز اور چھیڑ چھاڑ بھی بہت زیادہ

ہے۔ یہ طنز یا تو معشوق پر صرف ہوتی ہے یا پھر زاہد پر مثلاً،

زاہد کو ایک قطرۂ زمزم پہ ناز ہے
یاں خم کا خم اڑاتے ہیں پیر مغاں کے ساتھ
دیکھنا پیر مغاں حضرت واعظ تو نہیں
کوئی بیٹھا نظر آتا ہے پس خم مجھ کو
کی ترک مے تو مائل پندار ہو گیا
میں توبہ کرکے اور گنہگار ہو گیا
مئے انگور فرشتوں کی بھی قسمت میں نہیں
اس سے محروم ہیں اک قبلہ حاجات ہی کیا
کچھ زہر نہ تھی شراب انگور
کیا چیز حرام ہو گئی ہے
جا کے پی آئے وہاں آتے ہی توبہ کر لی
اس قدر دور ہے مسجد سے خرابات بھی کیا

یہ رنگ جو داغؔ کے یہاں ہے، حقیقی ہے۔ امیرؔ کے یہاں رسمی اور داغؔ کی تقلید میں ہے اس لیے اچھے شعر کم ہیں تاہم ایک شعر میں ضرور پڑھوں گا جس کے متعلق یہ یقین نہیں آتا کہ امیرؔ کا ہے،

انگور میں تھی یہ مے پانی کی چار بوندیں
پر جب سے کھنچ گئی ہے تلوار ہو گئی ہے

مگر ان کے ایک شاگرد ریاضؔ خیر آبادی نے جو مینائے امیرؔ کی مستی پر فخر کرتے ہیں، خمریات میں خاص طور پر کمال حاصل کیا۔ ریاضؔ کی طبیعت میں ایک غیر معمولی

شوخی تھی۔ وہ ساری عمر جوان رہے اور ساری عمر عاشق۔ حسن کی شوخی کا تو سب نے ذکر کیا ہے مگر ریاضؔ کی خصوصیت یہ ہے کہ ان کے یہاں ایسی چلبلی مسکراہٹ، ایک ایسی شوخی ہے جس کا جواب حسن کے پاس بھی نہیں۔ انہوں نے ساری عمر شراب کے مضامین لکھے۔ شراب کے لیے بڑے ہی پیارے پیارے نام وضع کئے۔ ان کے تمام لوازم اپنی غزلوں میں نظم کئے مگر امیرؔ جیسے پرہیز گار کے شاگرد کا دامن اس معصیت سے کیسے آلودہ ہو سکتا تھا۔ چنانچہ یہ مشکل سے یقین آتا ہے کہ جس شاعر کے دیوان میں بقول مولوی سبحان اللہ صاحب رئیس گورکھپور تیرہ سو چھیاسٹھ اشعار خمریات کے ہوں وہ شراب سے بچ سکا ہو۔ بہر حال یہ ایک حقیقت ہے اور حقیقت اکثر تلخ بھی ہوتی ہے۔ چنانچہ ریاضؔ کے حسب ذیل بے مثال شعر در اصل رسمی ہیں۔ یہاں شراب سے وہ کیفیت مراد ہے جو عشق میں حاصل ہوتی ہے یا جوانی کے راستہ سے آتی ہے،

چھلکائیں لاؤ بھر کے گلابی شراب کی
تصویر کھینچیں آج تمہارے شباب کی

جہاں ہم خشت خم رکھ دیں بنائے کعبہ پڑتی ہے
جہاں ساغر پٹک دیں چشمۂ زمزم نکلتا ہے

فرشتے عرصہ گاہ حشر میں ہم کو سنبھالے ہیں
ہمیں بھی آج لطف لغزش مستانہ آتا ہے

مر گئے پھر بھی تعلق ہے یہ میخانے سے
میرے حصہ کی چھلک جاتی ہے پیمانے سے

توبہ سے ہماری بوتل اچھی
جب ٹوٹی ہے جام ہو گئی ہے

جام مے توبہ شکن۔ توبہ مری جام شکن
سامنے ڈھیر ہیں ٹوٹے ہوئے پیمانوں کے

یہ اپنی وضع اور یہ دشنام مے فروش
سن کر جو پی گئے یہ مزا مفلسی کا تھا

اتری ہے آسماں سے جو کل اٹھا تو لا
طاق حرم سے شیخ وہ بوتل اٹھا تو لا

سایۂ تاک میں واعظ کو جگہ دی ہم نے
آج شیشہ میں اسے ہم نے اتارا کیسا

اٹھے کبھی گھبرا کے تو میخانہ کو ہو آئے
پی آئے تو پھر بیٹھ رہے یاد خدا میں

توبہ سے ڈرایا مجھے ساقی نے یہ کہہ کر
توبہ شکنی کے لیے اصرار نہ ہو گا

ان اشعار سے حقیقت میں اس عام طبقہ کی تسکین ہو جاتی تھی جو شراب اس لیے نہ چکھ سکتا تھا کہ مذہب نے اسے ممنوع قرار دے دیا تھا۔ یہ علامات جن کے ذریعہ سے قدما کے دور میں ایک خاص کیفیت کا اظہار ہوتا تھا، اب ادب اور شاعری کا جزو اعظم بن گئیں تھیں اور اچھے اچھے پرہیز گار اس کوچہ میں ساغر و مینا اچھالتے نظر آتے تھے۔ شادؔ عظیم آبادی کو دیکھئے انہیں اس دور کا میر کہا جاتا ہے۔ ان کے یہاں اضطراب کا عالم کس طرح بیان ہوتا ہے،

کہاں سے لاؤں صبر حضرت ایوب اے ساقی!
خم آئے گا صراحی آئے گی تب جام آئے گا

اور ان کا یہ شعر دیکھئے۔ کیا یہ صرف میخانہ تک ہی محدود ہے؟

یہ بزم مے ہے یاں کوتاہ دستی میں ہے محرومی
جو بڑھ کر خود اٹھالے ہاتھ میں مینا اسی کا ہے

مگر اس دور میں جگرؔ کی شاعری خمریات کے لیے خاص طور پر ممتاز ہے۔ جگرؔ ایک رند مشرب، رند وضع شاعر ہیں۔ ان کے یہاں جو شراب ہے اسے بادۂ تصوف سے کوئی علاقہ نہیں۔ بقول ہمارے ایک نقاد کے ان کی دلچسپی اتنی ساقی سے نہیں جتنی صہبا سے ہے۔ وہ شراب کے لیے اور شراب ان کے لیے بنی ہے۔ جس جوش و خروش سے وہ اپنی مستی یا بادہ وساغر کا ذکر کرتے ہیں وہ ان کی اپنی زندگی سے لیا گیا ہے۔ ان کی شاعری ان کی زندگی ہے اور ان کی زندگی ان کی شاعری۔ دیکھئے،

مست جام شراب خاک ہوئے
غرق جام شراب ہونا تھا

شیشہ مست و بادہ مست عشق مست و حسن مست
آج پینے کا مزہ پی کر بہک جانے میں ہے

شراب آنکھوں سے ڈھل رہی ہے نظر سے مستی ابل رہی ہے
چھلک رہی ہے اچھل رہی ہے پیئے ہوئے ہیں پلا رہے ہیں

ہم کہیں آتے ہیں واعظ تیرے بہکانے میں
اسی میخانے کی مٹی اسی مے خانے میں

سب کچھ اللہ نے دے رکھا ہے میخانے میں
خلد شیشے میں ہے فردوس ہے پیمانے میں

مے کشو مژدہ کہ باقی نہ رہی قید مکاں

آج ایک موج بہالے گئی مے خانے کو
اے محتسب نہ پھینک مرے محتسب نہ پھینک
ظالم شراب ہے ارے ظالم شراب ہے
ساقی کی ہر نگاہ پہ بل کھا کے پی گیا
لہروں سے کھیلتا ہوا لہرا کے پی گیا
سر مستی ازل مجھے جب یاد آگئی
دنیائے اعتبار کو ٹھکرا کے پی گیا
زاہد یہ میری شوخی رندانہ دیکھنا
رحمت کو باتوں باتوں میں بہلا کے پی گیا

غزل کے علاوہ نظموں میں بھی خمریات کا عنصر کافی ہے۔ مثنویوں میں شاعر جب سلسلہ کلام شروع کرتا ہے تو پہلے ساقی سے دو چار جام طلب کر لیتا ہے تا کہ نشہ سخن اور زیادہ ہو۔ یہ وہی چیز ہے جو انگریزی شاعری میں بھی ملتی ہے۔ وہاں شاعری کی دیوی سے خطاب ہوتا ہے۔ یہاں ساقی سے۔ چنانچہ ملٹن کی مشہور نظم "فردوس گمشدہ" کے ہر باب میں یہ سلسلہ اسی طرح شروع ہوتا ہے۔ مثنویوں کے علاوہ ساقی نامے علیحدہ بھی ملتے ہیں۔ ان سب میں شراب کے پردے میں کسی اور چیز کی خواہش ہے۔ ساقی نامے اس قدر مقبول ہوئے کہ مرثیہ جیسے مخصوص اور محدود عنوان کے تحت میں بہار اور ساقی نامہ کا عمل دخل ہو گیا۔

انیس نے بہار کا ذکر کیا تو ان کے نواسے پیارے صاحب رشیدؔ نے ساقی نامہ کا اضافہ کر دیا۔ ان مضامین کے ذریعہ سے صرف قدرت کلام دکھانا مقصود تھا۔ نظیرؔ اکبر آبادی کے یہاں بھی شراب کے مضامین ملتے ہیں۔ مگر بالکل اسی طرح جس طرح عشق و جوانی

کے مضامین۔ نظیرؔ زندگی اور اس کی نعمتوں اور لذتوں کو بڑے مزے لے لے کر بیان کرتے ہیں۔ ان کے علاوہ جہاں کہیں شراب کے مضامین ہیں ان میں علامتی رنگ غالب ہے۔ آج کل ساغرؔ اور جوشؔ کے یہاں خمریات کا عنصر بہت کافی ہے۔ ان کی خمریات بالکل جگر کی خمریات سے ملتی جلتی ہیں۔ جوشؔ کے چند جرعے چکھئے یا پڑھئے تو آپ کو معلوم ہو گا کہ چڑھتے ہوئے نشہ کے تجزیہ کی کیسی کامیاب کوشش ہے۔ ساغرؔ جب پکارتے ہیں کہ "بھر بھر کے پیالوں میں جوانی دے دے" تو وہ بھی شراب مانگتے ہیں۔ ان دونوں شعراء کے یہاں شراب ہی شراب ہے۔ اس میں علامتی رنگ بالکل نہیں۔ یہ مستی کو سب کچھ سمجھتے ہیں اور ان کا فلسفہ زندگی لذتیت سے تعمیر ہوا ہے۔

اس مستی کو نیا کہئے یا پرانا، اس میں اور قدماء کی مستی میں یقیناً فرق ہے لیکن اس کے علاوہ ایک اور قسم کی تبدیلی بھی صاف صاف دکھائی دیتی ہے۔ واعظ و زاہد سے چھیڑ چھاڑ جو خمریات کا محبوب مضمون تھا اب ایک مستقل چیز ہو گئی ہے۔ اس کی وجہ یہ ہے کہ اس دور میں قدامت کے پجاریوں کا سب سے بڑا سہارا اور جدیدیت کی طاقتوں کو سب سے زیادہ سختی سے روکنے والا یہی زاہد یا واعظ ہے۔ ہماری رندانہ شاعری میں اس کی داڑھی پر پھبتی اڑائی جاتی تھی۔ اس کی ریاکاری کا پول کھولا جاتا تھا۔ اس کے ظاہر و باطن کا فرق دکھایا جاتا تھا۔ اب اکبرؔ، جوشؔ اور اقبالؔ نے ان کی ذہنیت پر سے نقاب اٹھایا ہے۔ چنانچہ اقبالؔ کے یہاں صوفی یا ملا یا زاہد یا سالوس کے خلاف بہت کچھ ملتا ہے۔

اکبرؔ ملا پر اس لیے چوٹ کرتے ہیں کہ وہ بہت بڑے طنز نگار ہیں اور جہاں کہیں انہیں فساد نظر آتا ہے، وہ بغیر اپنا نشتر استعمال کئے نہیں چوکتے۔ جوشؔ کی طنز میں قدیم اور جدید رنگ کا اتصال ملتا ہے۔ واعظ پر یہ اعتراض ہے کہ وہ شرابی کیوں نہیں۔ اقبالؔ اس سے اس لیے ناراض ہیں کہ وہ صحیح معنی میں مسلمان نہیں ہے اور وہ ملّت کی رہنمائی کے

قابل نہیں رہا۔ اس کے علاوہ چکبست نے کہیں کہیں بادہ و ساغر کے پردے میں مشاہدۂ حق کی گفتگو کی ہے اور "نوحۂ قومی" چھیڑا ہے۔ اپنے زمانہ کی نیم خود مختار حکومتوں کی طرف اس طرح اشارہ کرتے ہیں،

ایک ساغر بھی عنایت نہ ہوا یاد رہے
ساقیا جاتے ہیں محفل تری آباد رہے
یہ کیسی بزم ہے اور کیسے اس کے ساقی ہیں
شراب ہاتھ میں ہے اور پلا نہیں سکتے

آزادی کا یہ تصور پیش کرتے ہیں،

مئے گل رنگ لٹتی یوں در میخانہ وا ہوتا
نہ پینے میں کمی ہوتی نہ ساقی سے گلا ہوتا

اقبال نے سب سے پہلے خمریات کے پرانے کوچہ میں ایک نیا ساز چھیڑا ہے۔ بانگ درا میں وہ ساقی سے اس طرح خطاب کرتے ہیں،

نشہ پلا کے گرانا تو سب کو آتا ہے
مزا تو جب ہے کہ گرتوں کو تھام لے ساقی
جو بادہ کش تھے پرانے وہ اٹھتے جاتے ہیں
کہیں سے آبِ بقائے دوام لے ساقی
کٹی ہے رات تو ہنگامہ گستری میں تری
سحر قریب ہے اللہ کا نام لے ساقی

لیکن اس سے زیادہ اہم ان کا وہ ساقی نامہ ہے جو بال جبریل میں شامل ہے اور جس میں انہوں نے دور حاضر کے اہم مسائل پر تبصرہ کیا ہے۔ یہ ساقی نامہ اقبال کی بہترین

نظموں میں شمار کئے جانے کے قابل ہے۔ یہاں شاعر ساقی سے جو شراب مانگتا ہے، وہ زندگی، حرکت عمل، خودی کی بلندی اور انسان کی معراج سے عبارت ہے۔ اس کے ایک ایک شعر میں بڑے سے بڑا مضمون آگیا ہے۔ بہار کی آمد ایک شعر میں بیان ہوتی ہے،

جہاں چھپ گیا پردۂ رنگ میں
لہو کی ہے گردش رگِ سنگ میں

اقبال کیا مانگتے ہیں۔ ملاحظہ ہو،

وہ مے جس سے روشن ضمیر حیات
وہ مے جس سے ہے مستیِ کائنات
وہ مے جس سے ہے سوز و ساز ازل
وہ مے جس سے کھلتا ہے راز ازل
اٹھا ساقیا پردہ اس راز سے
لڑا دے ممولے کو شہباز سے

دور حاضر پر تبصرہ ملاحظہ ہو،

زمانے کے انداز بدلے گئے
نیا راگ ہے ساز بدلے گئے
پرانی سیاست گری خوار ہے
زمیں میر و سلطاں سے بیزار ہے
گیا دور سرمایہ داری گیا
تماشہ دکھا کر مداری گیا
گراں خواب چینی سنبھلنے لگے

ہمالہ کے چشمے ابلنے لگے
مسلماں ہے توحید میں گرم جوش
مگر دل ابھی تک ہے زنّار پوش
تمدّن، تصوف، شریعت، کلام
بتانِ عجم کے پجاری تمام
حقیقت خرافات میں کھو گئی
یہ امت روایات میں کھو گئی
وہ چاہتا کیا ہے۔ یہ بھی سن لیجئے،
جوانوں کو سوز جگر بخش دے
مرا عشق میری نظر بخش دے
امنگیں مری آرزوئیں مری
امیدیں مری جستجوئیں مری
مرے قافلہ میں لٹادے اسے
لٹادے ٹھکانے لگادے اسے

موجودہ سیاسی انقلاب تہذیبوں کے نکھرنے کے بعد کی زندگی نے بادہ و ساغر کو ایک نیا کیف دیا ہے اور ہمارے تمام اچھے شاعروں نے مے کدے کی ویرانی، ساقی کی بے پروائی اور رندوں کی لغزش کے پردے میں زندگی کے حقائق بیان کیے ہیں۔ اس طرح زندگی کو بہلانے کی بھی کوشش کی گئی ہے اور اسے سدھارنے کی بھی۔

جوش نے حال میں "ساقی سے خطاب" میں موجودہ تنگ نظری پر بڑی خوبی سے طنز کی ہے۔ غزل گو شعرا بھی اس رنگ میں پیچھے نہیں رہے۔ انہوں نے ساقی و میخانے کے

رمز و ایما میں جدید ہندوستان کے سنہرے خواب اور تلخ حقائق دونوں کو اس طرح سمو دیا ہے کہ ہر پیمانے میں ماہ تمام کی تجلی آ گئی ہے۔

***

۹

اردو تنقید ایک جائزہ

آل احمد سرور

جناب وائس چانسلر صاحب، صدر شعبۂ اردو، مہمانان گرامی، خواتین و حضرات،

حالیؔ کا مقدمہ شعر و شاعری ۱۸۹۳ء میں شائع ہوا۔ مقدمہ ہماری تنقید کا پہلا صحیفہ ہے۔ مقدمہ سے پہلے محمد حسین آزادؔ کے افکار اور سر سید کے تہذیب الاخلاق میں بعض مضامین کی اہمیت بھی مسلم ہے۔ آزادؔ اور حالیؔ دونوں کی تنقید پر ان کی تخلیق کا سایہ ہے۔ عالمی تنقید کا معلم اوّل ارسطو، ہومر کی ایپک نظموں اور یونانی ڈراما نگاروں کی روشنی میں (بوطیقا یا شعریات) مرتب کرتا ہے۔ انگلستان میں ڈرائیڈن، جانسن، کولرج، آرنلڈ اور ایلیٹ سب کی شاعری نے ان کی تنقید کے لیے راہ ہموار کی۔

اردو میں کئی اہم شاعروں نے شعراء کے تذکرے بھی مرتب کیے۔ میرؔ، مصحفیؔ، قائمؔ، شیفتہؔ کے نام اس سلسلے میں لیے جاسکتے ہیں۔ ان تذکروں میں جو تنقیدی اشارے ہیں ان کی مدد سے شعراء کے تنقیدی شعور اور ان کے دور کے تنقیدی شعور کو سمجھنے میں مدد ملتی ہے۔ غرض تنقید خلا میں وجود میں نہیں آتی۔ اس کے پیچھے معنی خیز تخلیقات کا ایک سلسلہ ہوتا ہے۔ تخلیق کی معنویت اور معیاروں کی طرف توجہ کے ذریعے سے یہ نہ صرف قاری کو ذوق سلیم تک لے جاتی ہے بلکہ بعد کے تخلیق کاروں کے لیے روشنی بھی

مہیا کرتی ہے۔ اس لیے ادب میں تخلیق کی اولیت کو تسلیم کرتے ہوئے تنقید کی اہمیت سے بھی کسی طرح انکار نہیں کیا جا سکتا۔

جارج اسٹائینر George Steiner اپنی کتاب زبان اور خاموشی Language And Silence میں تو یہاں تک کہتا ہے کہ اسٹائیل کی صفت کی وجہ سے تنقید بھی ادب ہو سکتی ہے۔ By Virtue Of Style Criticism Can Itself Become Literature اچھا نقاد وہ ہے جو قاری کو تخلیق کے متعلق نئی بصیرت دے۔ تنقید ایک کتاب کے مطالعہ کے لیے ذہن کو آمادہ کرتی ہے۔ فن کار اور قاری دونوں کے لیے تنقیدی شعور کی ضرورت ہے۔ فنکار کبھی اپنے آتش کدے کی راکھ کو ہی کرید تا رہتا ہے، کبھی اپنے ہی اسلوب کا شہید بھی ہو جاتا ہے۔ نقاد اس کے فن کو تنظیم سکھاتا ہے اور قاری کو تجربے اور تجربے کی پہچان عطا کرتا ہے۔ نقاد جج کی طرح فیصلہ بھی نہیں کرتا، نہ کوئی فرمان جاری کرتا ہے۔ وہ فتویٰ بھی نہیں دیتا، وہ تخلیق کار کا رہنما فلسفی اور ساتھی ہے۔

مگر تنقید ہے کیا؟ اپنے ایک مضمون میں جو ۱۹۴۶ء میں لکھا تھا میں نے اس سوال کا جواب دینے کی کوشش کی تھی، شاید اس کا اقتباس یہاں بے محل نہ سمجھا جائے۔

"میرے خیال میں اس کے لیے پرکھ کا لفظ سب سے زیادہ موزوں ہے۔ اس میں تعارف، ترجمانی اور فیصلہ سب کچھ آجاتے ہیں۔ پرکھ کے لفظ کے ساتھ ہمارے ذہن میں ایک معیار یا کسوٹی آتی ہے۔ نقاد کے ذہن میں ایسا ایک معیار ضروری ہے۔ پرکھنے اور تولنے کے لیے ترجمانی اور تجزیہ ضروری ہے۔ مبصر یا پارکھ اپنا فیصلہ منوانے کے درپے نہیں رہتا اور تمام نقاد اس بات سے متفق ہیں کہ نقاد کو آمر نہیں ہونا چاہیے۔ ایلیٹ کہتا ہے کہ اہم معاملات میں نقاد کو زبردستی نہیں کرنا چاہیے اور نہ اسے اچھے برے کا فیصلہ

(جھٹ سے) صادر کر دینا چاہیے۔ اسے صرف وضاحت کرنی چاہیے اور پڑھنے والا خود ہی ایک صحیح نتیجہ پر پہنچ جائے گا۔ مگر نقاد جب کسی کا تعارف کراتا ہے تو اس کا تعارف کسی نقیب کی پکار نہیں ہوتا۔ ایک سیاح کی دریافت ہوتا ہے۔ نقاد بھی اپنی دنیا کا کولمبس ہے۔ وہ پڑھنے والے کو ایک نئی فضا میں لے جاتا ہے جس کا حسن اس نے دریافت کیا ہے۔ ہر تنقید ایک ذہنی سفر کا آغاز ہے۔ تعارف کو اعلان نہ ہونا چاہیے اور نہ ترجمانی کو فلسفہ۔"

آزادی کے بعد ہندوستانی ادبیات میں یہ میلان بڑھا ہے کہ تنقید میں ہمیں اپنی جڑوں، اپنی تاریخ اور اپنے ماحول کو ہی ملحوظ رکھنا چاہیے۔ مغربی ادب میں جو معیار عام ہیں، ان کے مطابق اپنی ادبیات کو پرکھنا قطعی ضروری نہیں۔ اس کے معنی یہ ہیں کہ عربی، فارسی، سنسکرت میں جن ادبی اصولوں پر زور دیا گیا ہے یا شعری معیاروں کا تذکرہ ہے، ان پر ہی ہماری تنقید کی بنیاد ہونی چاہئے۔ مغربی ادب کی صورت حال ہماری ادبی صورت حال سے بالکل مختلف ہے۔ اس لیے اس سے اپنے فن کاروں اور فن پاروں کی تفہیم میں مدد نہیں مل سکتی۔ یہ لوگ تو یہاں تک کہتے ہیں کہ یہ ذہنی غلامی ہے اور نوآبادیاتی ذہن میں توسیع۔ یہ بات اس حد تک صحیح ہے کہ ہمیں اپنی بنیادوں، اپنی تاریخ اور اپنے ماحول کو بہر حال پیش نظر رکھنا چاہیے مگر مغربی معیاروں کو نظر انداز کرنا، جو بڑی حد تک اب بھی عالمی معیار ہیں، میرے نزدیک کسی طرح مناسب نہیں۔ ویسے بھی یہ دور صرف یہ یا صرف وہ کا نہیں، یہ بھی اور وہ بھی کا ہے۔

تقریباً دو سو سال سے مغربی اثرات ہماری زندگی، سماج اور ادب پر پڑ رہے ہیں، جس طرح قدیم ہندوستان کی کلید سنسکرت ہے اور ازمنہ وسطیٰ کی ایک حد تک فارسی، اسی طرح جدید دور کی کلید انگریزی ہے۔ مارکس کا یہ قول میرے نزدیک بڑی صداقت رکھتا ہے کہ خواہ مغرب کا اقتدار ہندوستان پر یہاں کی دولت کے استحصال کے لیے ہوا ہو،

مگر اس نے تاریخ کے ایک آلے کا کام بھی انجام دیا۔ غور سے دیکھا جائے تو قومیت، جمہوریت، سیاسی وحدت کا تصور ہمیں مغرب نے دیا ہے۔ ہاں حب وطن اور گاؤں کی پنچایت میں جمہوری تصورات ہمارے یہاں پہلے سے موجود تھے۔ مغربی افکار کا سرچشمہ یونانی فکر ہے اور اس کے بعد روما کے قانون کا تصور، پھر انجیل مقدس۔

یونانی فکر، خلفائے عباسیہ کے زمانے میں عربی ادبیات اور علوم پر اثر انداز ہوئی۔ اس فکر نے ازمنہ وسطیٰ کے دھندلکے میں علم و عمل کی شمعیں روشن کیں۔ نشاۃ الثانیہ کے بعد یورپ میں جو تخلیقی سرگرمیاں شروع ہوئیں، ان میں عربوں کے خونِ جگر کی آب و تاب بھی شامل ہے۔ کہنا یہ ہے کہ مشرق اور مغرب اس طرح الگ دنیائیں نہیں ہیں جس طرح کپلنگ کی ہمنوائی میں کچھ لوگ کہتے رہے ہیں اور اپنی فکری بنیادوں کے ساتھ عالمی میلانات کا مطالعہ نہ صرف مفید ہے بلکہ میرے نزدیک ضروری بھی۔ اس لیے ہمیں اپنی تنقید میں مشرقی افکار کے ساتھ عالمی افکار کو بھی ملحوظ رکھنا چاہیے۔

ازمنہ وسطیٰ کے تنقیدی افکار زیادہ تر ہدایات یا نکتوں اور اشاروں کی شکل میں ہوتے تھے۔ علمی و ادبی مشاغل ایک مخصوص طبقے کا کاروبارِ شوق تھے۔ جب متوسط طبقہ بڑھا تو ان اشاروں سے داستانیں مرتب ہونے لگیں۔ فن کے اسرار و رموز پر پہلے مضامین اور پھر کتابیں وجود میں آئیں۔ ادبی بساط پر ایک جدلیاتی طریق کار کی کارفرمائی ہوتی ہے۔ یہاں ایک میلان جب اپنے عروج کو پہنچ جاتا ہے تو اس کا رد عمل شروع ہوتا ہے اور جب یہ رد عمل مکمل ہو جاتا ہے تو ایک نئے مجموعی میلان کا آغاز ہونے لگتا ہے۔ یہ ایک طرح کا امتزاج ہے۔

اگر غور سے دیکھا جائے تو روایت ایک وحدت نہیں ہے۔ اس میں کثرتیں رفتہ رفتہ ایک وحدت کو جنم دیتی ہیں اور انہیں کے بطن سے بغاوت وجود میں آتی ہے جو کسی بھولی

ہوئی روایت کی توسیع یا ترمیم بھی ہوتی ہے، اس لیے تنقید میں بقول رینی ویلک صرف تاریخیت یا مستقلیت Historicismیا Futurism رہنما نہیں ہو سکتی۔ تناظریت Perspectivism کی بھی ضرورت ہے۔ اس طرح ہم ماضی کے سرمائے اور حال کے موج در موج سمندر سے انصاف کر سکتے ہیں۔ ادب میں کوئی نظریہ اس طرح باطل نہیں ہوتا جس طرح سائنس میں، ادب وہ دریا ہے جس میں مختلف اوقات میں نئے دھارے آکر ملتے رہتے ہیں اور پورے دریا کی روانی کو متاثر کرتے رہتے ہیں۔ دریا ایک معنی میں وہی رہتا ہے اور ایک معنی میں کچھ اور بھی ہو جاتا ہے۔

زندگی میں تسلسل اور تغیر کی طرح ادب میں بھی تسلسل اور تغیر ہوتا ہے۔ اگر ہم اس نکتے کو ملحوظ رکھیں تو بہت سی غلطیوں اور گمراہیوں سے بچ سکتے ہیں۔ میں مغربی افکار سے استفادہ اردو ادب کے لیے مفید سمجھتا ہوں لیکن ان افکار کی روح کو دیکھتا ہوں، میں جدید کاری کا قائل ہوں، لیکن جدید کاری کو تمام تر مغرب کی پٹری پر چلنا نہیں مانتا۔ نئی مشرقیت مغرب کے آشوب کو نظر میں رکھتی ہے۔ یہ ماضی پرست نہیں ماضی شناس ہے مگر اس کی توجہ کا مرکز حال کا آشوب اور مستقبل کے امکانات ہیں۔

سوال یہ ہے کہ اردو میں تنقید کی اصطلاح پہلے کب اس صنف کے لیے استعمال ہوئی۔ عربی کا لفظ 'نقد' تو پہلے سے موجود تھا۔ انتقاد اور انتقادیات کو نیاز فتح پوری نے رواج دیا۔ میرا خیال یہ ہے کہ بیسویں صدی کے آغاز میں لسان الصدق میں ایک مضمون میں ریویو اور تبصرہ پر گفتگو کرتے ہوئے مولانا آزاد نے یہ لفظ استعمال کیا، لیکن اس سلسلے میں مزید تحقیق کی گنجائش ہے۔ کلیم الدین احمد نے اردو میں تنقید کے وجود کو فرضی قرار دیا تھا۔ یہ ویسی ہی بات تھی جیسے غزل کو نیم وحشیانہ صنف شاعری کہنا۔ دونوں اقوال میں کچھ سچ بھی ہے، مگر مجموعی طور پر یہ انتہا پسندی ہے اور اس لیے گمراہ کن۔

تذکروں میں ایک تنقیدی شعور ملتا ہے گو باضابطہ تنقید نہیں ہے۔ آب حیات میں ایک رچے ہوئے تنقیدی شعور سے کیسے انکار کیا جا سکتا ہے اور نیرنگِ خیال میں آزاد کے ایک صحت مند تنقیدی شعور کو کیسے نظر انداز کر دیں۔ اس طرح تہذیب الاخلاق میں سر سید کے وہ مضامین جو انھوں نے سال تمام ہونے کے سلسلے میں لکھے تھے، ادب اور انشا پردازی کے متعلق سر سید کے نظریات کی ایک واضح تصویر پیش کرتے ہیں۔ خود حالیؔ نے مجموعۂ نظم حال کے دیباچہ، مسدس کے دیباچہ اور حیات سعدی میں اہم تنقیدی افکار پیش کیے ہیں۔ پھر بھی یہ درست ہے کہ مقدمۂ شعر و شاعری ہی اردو تنقید کا پہلی صحیفہ ہے۔ اس کی اہمیت تاریخی بھی ہے اور ادبی بھی۔ اس کے حوالے سے آج بھی بات ضروری ہے۔

ہمارے یہاں تنقید کی جو تاریخ اب تک بیان کی گئی ہے اس میں ناموں پر زیادہ زور دیا گیا ہے۔ میلانات پر اتنی توجہ نہیں۔ تاریخ کو بھی ایک زمانے میں مشاہیر کی سوانح عمری کہا جاتا تھا، مگر اب تاریخ اسباب و علل کی داستان ہے اور اس میں سماج کے ارتقا کے منازل، تہذیب کے مظاہر، سیاسی تبدیلیاں اور عوام و خواص سبھی کی صورت حال کا جائزہ آ جاتا ہے۔ گہری تحقیق، اب صرف جنگل کے تصور پر قناعت نہیں کرتی بلکہ نامیار Namiar کے اثر سے پیڑ بھی گنتی ہے۔ اول تاریخ، تاریخ کے اس تصور سے مدد لے کر تحقیق کو اس کا جائز مقام دیتی ہے۔

یہ بات بلا خوف تردید کہی جا سکتی ہے کہ گذشتہ سو سال میں اردو تحقیق اور اردو تنقید دونوں میں خاصا اضافہ ہوا ہے۔ گو ابھی دونوں میں جانب داری کی لے زیادہ ہے، سخن فہمی کی اتنی نہیں۔ ادب میں اعلیٰ روایت اور ادنیٰ روایت دونوں Great Tradition And Little Tradition پر زور دیا جانے لگا ہے۔ گویا ادنی کی اصطلاح

مجھے مناسب نہیں معلوم ہوتی اس کے بجائے روایت کی اصطلاح زیادہ موزوں ہے۔ علاقائی کارناموں کا جائزہ بڑھا ہے مگر اس میں رائی کو پہاڑ ثابت کرنے کی کوشش بھی ہے۔

مغرب میں تنقید کے جو دبستان سامنے آئے ہیں، ان پر یہاں ایک نظر ڈالنا ہمارے لیے اس لیے مفید ہو گا کہ ہمارے یہاں یہ اثرات کبھی برملا اور کبھی ڈھکے چھپے ملتے ہیں۔ ولبر اسکاٹ نے اپنی کتاب ادبی تنقید کی پانچ راہیں Five Approaches To Literature میں تو انسان دوست یا اخلاقی، نفسیاتی تنقید، سماجی تنقید، فنی یا فارمل تنقید اور اسطوری اور آرکی ٹائپل تنقید کے دبستان قائم کیے ہیں۔ اس نے تاثراتی تنقید کی طرف توجہ نہیں کی، اس لیے کہ اس کے ڈانڈے کسی نہ کسی طرح کسی دوسرے دبستان سے مل جاتے ہیں۔ ہمیں اسکاٹ کی درجہ بندی میں روسی فارملزم اور تشکیل یا ساخت اور لا تشکیل یا ردساخت کے دبستانوں کو بھی ملحوظ رکھنا ہو گا۔

یہ اثرات گذشتہ چالیس پچاس سال میں ابھرے ہیں۔ اخلاقی زاویۂ نظر کی تاریخ سب سے پرانی ہے۔ افلاطون، سڈنی جانسن، آرنلڈ سب کا سروکار اخلاقیات سے تھا۔ آرنلڈ کی اعلیٰ سنجیدگی اس کی نمایاں مثال ہے۔ بیسویں صدی میں یہ اخلاقی نقطۂ نظر تو انسان دوستی میں ظاہر ہوتا ہے۔ ادب تنقید حیات ہے۔ تکنیک کا مطالعہ وہ ذریعہ ہے جو ہمیں ادب کے مقصد تک لے جاتا ہے اور بالآخر تہذیب کے فروغ اور مہذب انسان کے نصب العین تک رسائی رکھتا ہے۔ یہ نیچر لزم اور رومانیت دونوں سے گریزاں ہے۔ ایلیٹ اور ایف آر لیوس دونوں کے یہاں یہ اخلاقی نقطۂ نظر اپنے طور پر ظاہر ہوتا ہے۔

ایلیٹ نے جب یہ کہا کہ "ادب کی عظمت صرف ادبی معیاروں سے متعین نہیں کی جا سکتی، اگرچہ ہمیں یاد رکھنا چاہیے کہ یہ ادب ہے یا نہیں اس کا تعین صرف ادبی

معیاروں سے کیا جا سکتا ہے۔" تو اس نے بالآخر اخلاقی نصب العین یا سماجی نقطۂ نظر کے لیے بھی گنجائش چھوڑی، مگر ادبی معیاروں کی مرکزیت کو ملحوظ رکھا۔

نفسیات کے علم نے ادب کے مطالعے میں ایک تور چرڈس کے ادبی تنقید کے اصول Principles Of Literary Criticism میں جمالیاتی تجربہ کا تجزیہ کیا اور حسن کو حواسوں کے ایک نئے توازن کا نام دیا۔

Beauty Is That Which Is Conducive To Synesthetic Equilibrium اس سے مراد قاری کا وہ موزوں رد عمل ہے جو ایک فن پارہ عطا کرتا ہے اور جس میں ایک حس کو دوسری حس کے ذریعے سے پیش کیا جاتا ہے۔ دوسرے جو ایڈمنڈ ولسن کے یہاں فن کاروں کی زندگی کے مطالعے کی طرف مائل کرتا ہے، تاکہ اس سے ان کے سمجھنے میں مدد ملے۔ ڈی ایچ لارنس نے بھی کہا تھا کہ حسن فن کار کو اپنے مرض سے چھٹکارا پانے میں مدد دیتا ہے۔ "زخم اور کمان" میں ولسن نے یہ واضح کرنے کی کوشش کی ہے کہ اس طرح نہ صرف فن کار کو سمجھنے میں مدد ملتی ہے بلکہ فن کے اندرونی سانچوں کو بھی سمجھا جا سکتا ہے۔ پھر نفسیات، فکشن اور ڈرامے کے بعض کرداروں کے مطالعے کے ذریعے سے ان کے عمل اور رد عمل کو سمجھنے میں مدد دیتی ہے۔

ہولٹ کا تجزیہ اس کی اچھی مثال ہے۔ فرائڈ کو مارکس کے ساتھ اس دور کا پیغمبر کہا گیا ہے لیکن فرائڈ کا نظریہ در اصل ادب کے ساتھ انصاف نہیں کرتا لیکن ینگ کے نظریات کا اثر ادب پر بہت گہرا ہے اور اس نے بالآخر ایک اسطوری دبستان کے لیے راہ ہموار کی ہے۔ فن بہر حال خواب سے واضح طور پر مختلف ہے۔ فن کار کو ایک حد تک اپنی تخلیق پر قابو ہوتا ہے جب کہ خواب دیکھنے والا مجبور ہے۔ اردو میں میرا جی نے فرائڈ کے نظریات سے متاثر ہو کر اردو کے بعض شعراء پر ادبی دنیا میں جو مضامین لکھے تھے ان

میں یہی کمزوری تھی۔ گو یہ دلچسپ ضرور تھے۔ بہر حال اس دبستان کے ذریعہ سے تخلیقی عمل کے سلسلے میں کچھ معنی خیز باتیں ضرور کہی گئی ہیں۔

سماجی دبستان اس دور میں کافی مقبول رہا ہے، خصوصاً مارکسی نقطۂ نظر کی وجہ سے اسے خاصی اہمیت حاصل ہوئی۔ دراصل اس کا آغاز تانیے سے ہوتا ہے جس کا لمحے، نسل اور ماحول کی وجہ سے اسے خاص اہمیت حاصل ہوئی، کا تصور ہی وہ بنیاد ہے جس کے سہارے مارکس نے ذرائع پیداوار کو مرکزی اہمیت دی۔ ہاں یہ ضرور ہے کہ مارکس کا ادب کا تصور اس کے جدلیاتی مادیت کے فلسفے کا ہی ایک پہلو ہے۔ ادیب بہر حال کسی سماج کا فرد ہوتا ہے، مگر اس کی انفرادیت کو صرف اس کے سماجی دائرے کی مدد سے ہی سمجھا نہیں جا سکتا۔ وہ ایک آزاد وجود بھی رکھتا ہے۔ سماجی تنقید خصوصاً مارکسی تنقید نے ادب پر گہرے اثرات چھوڑے ہیں جیسا کہ ایک نقاد نے کہا ہے ادب اور سماج کا رشتہ باہمی (Reciprocal) ہے۔ ادب صرف سماجی اسباب کا نتیجہ نہیں ہے۔ یہ سماجی اثرات کا سبب بھی ہے۔ Literature Is Nor Only The Effect Of Social Cause, It is Also The Cause Of Social Effect بیشتر مارکسی نقادوں نے ادب کے مخصوص تجربے اور رول کے ساتھ انصاف نہیں کیا مگر کرسٹوفر کاڈویل، لوکاج اور حال میں ٹیری ایگلٹن کے یہاں جو کوشش ہے وہ ہر لحاظ سے قابل قدر ہے۔

کچھ لوگ فارملسٹ تنقید کے دبستان کو اس دور میں سب سے زیادہ اہمیت دیتے ہیں۔ میرے نزدیک اس کے نقطۂ نظر کی اتنی اہمیت نہیں جتنی اس کے طریقۂ کار Methodology کی ہے۔ اس دبستان کا رشتہ ایلیٹ سے دیکھا جا سکتا ہے جس نے فن کو فن کی وجہ سے اہمیت دی نہ کی سماج، مذہبی، اخلاقی یا سیاسی افکار کی وجہ سے اور جس نے فن پاروں کے گہرے مطالعے پر زور دیا۔ ایلیٹ کا یہ کہنا ہے کہ فن کار جذبے اور

شخصیت سے اپنے فن میں فرار حاصل کرتا ہے۔ نقادوں کو فن کاروں کی سوانح کے بجائے فن پارے کے فنی نظام کی طرف متوجہ کرنے میں مؤثر ثابت ہوا۔ دوسرا راہ نما رچرڈس ہے جس نے معنیات پر توجہ کی اور اپنی کتاب عملی تنقید میں نوجوانوں کی کچھ نظموں کے رد عمل کا تجزیہ کیا۔ پھر اس کے شاگرد ایمپسن نے ابہام کی سات قسمیں لکھ کر اس نئے دبستان کے لیے میدان بالکل صاف کر دیا۔

نئی تنقید کے علمبردار یہ کہتے ہیں کہ شاعری اپنی جگہ علم کا سرچشمہ ہے اور اس کا ابلاغ صرف اسی کے دائرے میں ہو سکتا ہے۔ یہ لوگ ذاتی، سماجی اخلاقی قدروں کو خارجی چیز کہتے ہیں اور صرف نظم کی ساخت اور اس ساخت کے ان اجزاء سے سروکار رکھتے ہیں جو مجموعی شعری تجربے سے متعلق ہیں۔ R. P. Warren وارن کہتا ہے کہ شاعری کسی خاص عنصر میں محدود نہیں ہے بلکہ اس کا دار و مدار ان رشتوں پر ہے، اس ساخت پر ہے جسے ہم نظم کہتے ہیں۔ ان لوگوں کے نزدیک معنی فارم سے وجود میں آتا ہے یعنی بحر، پیکر، اسلوب، ڈکشن وغیرہ اور مواد سے جس میں لہجہ موضوع وغیرہ آتے ہیں۔ اس سلسلے میں ایگلٹن کا یہ اعتراض میرے نزدیک درست ہے کہ اس دبستان نے خواص پرستی کو فروغ دیا اور اصطلاحات کا ایک نظام بنا دیا جس تک عوام کی رسائی نہیں ہو پاتی قول محال Paradox بناوٹ Texture تناؤ Tension ابہام Ambiguity مصنف کا مقصد Intent of Author پر مباحث، ان تعبیروں کی طرح ہیں جن سے خواب پریشان ہو جاتا ہے۔

آرکی ٹائپل یا اسطوری کا بھی ایک اہم میلان ہے۔ اس میں بھی متن کا گہرا مطالعہ ضروری ہے مگر یہ جمالیاتی تجربے کی قدر و قیمت کا تعین کرنے میں، اس کی بنیادی، تہذیبی اور انسانی اپیل کو مد نظر رکھتی ہے۔ فریز اور ینگ دونوں کے نظریات نے جیمس جوائز کی

تخلیقات پر گہرا اثر ڈالا۔ ینگ کے اجتماعی لاشعور کا لب لباب یہ ہے کہ انسان غیر شعوری طور پر قبل تاریخ کے اس علم کو محفوظ رکھتا ہے جو اس دور کے اساطیر میں بالواسطہ مل جاتا ہے۔ اس سے یہ نکتہ نکلتا ہے کہ اساطیر کے فوق فطری عناصر پر عقیدہ نہ ہونے کے باوجود ان میں انسان اور انسانیت کے ارتقا کے کچھ ابدی نقوش ملتے ہیں۔ بقول ایرک فرام اسطور ایک ایسا پیام ہے جو ہماری طرف سے خود ہمیں کو دیا جاتا ہے۔ یہ وہ پوشیدہ زبان ہے جو ہمیں اس قابل بناتی ہے کہ داخلی واردات کو خارجی واردات بنا سکیں، یعنی فن کار ایک اسطور ساز ہے۔ اس سلسلے میں ڈی ایچ لارنس کے لہو کے شعور اور ارنسٹ کسیرر کے Essay On Man کے اثرات بھی قابل ذکر ہیں مگر نارتھ روپ فرائی کی کتاب تنقید کی اناٹومی Anatomy Of Criticism کے اثرات زیادہ گہرے ہیں۔

اخلاقی یا انسانی، سماجی، نفسیاتی، فنی اور اسطوری دبستانوں کے علاوہ ایک میلان ترکیبی یا امتزاجی بھی ہے۔ کسی ایک دبستان کو رہ نما بنانے میں یہ خطرہ ضرور رہتا ہے کہ دوسرے دبستانوں سے جو روشنی مل سکتی ہے، اسے نظر انداز کر دیا جائے، اس لیے یہ میلان بھی مقبول ہو چکا ہے۔ اس صدی کی پانچویں دہائی میں روسی فارملسٹوں کا کارنامہ بھی توجہ کا مرکز بنا ہے۔ اس حلقے میں رومن جیکبسن کا نام مرکزی اہمیت کا حامل ہے۔ فارملسٹوں نے ہی ساختیات اور پس ساختیات کے لیے راہ ہموار کی۔ لسانیات کی مدد سے انھوں نے ادب کی زبان اور اس کی ہیئت پر زیادہ توجہ مرکوز کی۔ ادبی زبان کو انھوں نے ایک طور پر عام زبان سے انحراف قرار دیا۔ شاعری کی تقلید کے سلسلے میں ان کے نظریے کی اہمیت ضرور ہے مگر ادب صرف شاعری میں محدود نہیں۔ ادھر کئی سو سال میں نثر کا سرمایہ بھی اتنا ہو گیا ہے کہ اب متمدن انسان کے اظہار کا ذریعہ شاعری سے زیادہ نثر ہو گئی ہے اور نثر وہ کام بھی کرنے لگی جو پہلے شاعری کرتی تھی۔ فکشن اور ڈرامے

نے افراد ہی نہیں بلکہ قوموں اور سماجوں کی روح کی جس طرح عکاسی کی ہے، وہ شاعری سے کسی طرح کم نہیں۔

ساختیات یا تشکیلیات کا طریقہ کار تجزیاتی ہے، اسے قدر شناسی سے دلچسپی نہیں۔ یہ سامنے کے معنی کے مقابلے میں کچھ ایسی بناوٹوں کو ترجیح دیتا ہے جو گہرائی میں کہیں کہیں چھپی ہوئی ہیں۔ نشان Sign کیا کہتا ہے اس سے غرض نہیں۔ اسے صرف ان نشانات کے ایک دوسرے سے رشتے سے غرض ہے۔ ساختیات Structuralism آگے چل کر Semiology سے مل جاتی ہے۔ ساخیات ہر فن مولا ہے۔ سمیلوجی Semiology ادب کے مطالعے سے سروکار رکھتی ہے۔ ساختیات، فرد کو نظر انداز کرتی ہے۔ ادب کے اسرار کو فارمولوں میں مقید کرنا چاہتی ہے۔ ایگلٹن اسے Anti-Humanist انسان دوستی کی مخالف سمجھتا ہے۔ یہ تاریخ سے فرار کر کے زبان کی آغوش میں پناہ لیتی ہے۔ پس ساختیات، صداقت، حقیقت، معنی، علم، سب کے کلاسیکی تصور کی تخریب کرتی ہے۔

ہمارے یہاں حالیؔ کی اہمیت اور معنویت یہ ہے کہ انھوں نے نہ صرف ایک سنجیدہ اور قابل قدر نظریۂ شاعری پیش کیا، بلکہ اصناف شعری میں سے غزل، قصیدہ، مرثیہ، مثنوی پر خاصی تفصیل سے اظہار خیال کیا۔ ایک واضح نظریے کے بغیر کسی کو نقاد نہیں کہا جاسکتا۔ نظریاتی تنقید کے ساتھ اصناف پر محاکمہ اور عملی تنقید کے نمونے بھی ضروری ہیں۔ حالیؔ نے ان دونوں پہلوؤں پر جو کچھ کہا ہے، اس سے جابجا اختلاف کی گنجائش ہے مگر اس کے باوجود ان کے افکار کی اہمیت باقی ہے۔ بڑا نقاد اپنی بصیرت کی وجہ سے ادب کا وژن بدل دیتا ہے اور ہمارے ادبی شعور اور ادبی حسیت میں تبدیلی پیدا کر کے ہمیں ادب اور زندگی کو اس طرح دیکھنے اور دکھانے پر مائل کرتا ہے جس طرح پہلے نہ دیکھا گیا تھا۔

پھر وقت گذرنے کے ساتھ اور ذوق اور شعور میں تبدیلی کے باوجود اس وژن سے کچھ نہ کچھ بصیرت برابر ملتی رہتی ہے۔

ادب میں کوئی سنجیدہ نظریہ یکسر رد نہیں ہوتا۔ سوال یہ ہے کہ کون سا نظریہ مرکزی مسائل پر روشنی ڈالتا ہے اور کون سا لکیری مسائل پر۔ حالیؔ کا نظریۂ شعر مرکزی مسائل پر توجہ کی وجہ سے (ان سے بعض مقامات پر اختلاف کے باوجود) برابر اہم رہے گا۔ کلیم الدین نے اپنی انتہا پسندی کی رو میں حالیؔ پر جو اعتراض کیے تھے، ان کا خاصا شافی جواب ممتاز حسین نے اپنی کتاب "حالیؔ کے شعری نظریات، ایک تنقیدی مطالعہ" میں دے دیا ہے۔ حالیؔ نے تنقید کے لیے جو زبان اور اسلوب اختیار کیا وہ مستقل قدر و قیمت کا مالک ہے۔ گذشتہ سو سال میں تنقید میں بہت سی راہیں کھلی ہیں مگر حالیؔ کی شاہراہ کلیم الدین اور سلیم احمد کے فرمودات کے باوجود اردو تنقید کے لیے صراط مستقیم کہی جا سکتی ہے۔ بڑا نقاد وہ ہے جس سے اختلاف تو کیا جائے مگر جس سے انکار ممکن نہ ہو اور جس سے ہر دور میں بصیرت ملتی رہے۔ ادب اور سماج کے باہمی رشتے، شاعری کی خصوصیات، شعر کی زبان کے سلسلے میں حالیؔ کے چراغ سے چراغ برابر جلائے جاتے رہیں گے۔

حالیؔ کی اہمیت اور معنویت کے اعتراف کے ساتھ یہ بات بھی ملحوظ رکھنا چاہیے کہ شبلیؔ نے چونکہ طرز ادا پر خاص توجہ کی اور موازنہ میں انیسؔ کی شاعرانہ عظمت اور دبیرؔ کی استادی کے فرق کو واضح کر دیا۔ اس لیے نظریاتی پہلو کو گہرائی عطا کرنے کے ساتھ عملی تنقید کا بھی ایک قابل قدر نمونہ پیش کیا۔ یہ دوسری بات ہے کہ یہ در اصل موازنہ کم ہے، انیسؔ کی شاعری کی خصوصیات کا جائزہ زیادہ۔ عبد الحق در اصل حالیؔ کے نقطۂ نظر کی توسیع کے مظہر ہیں۔ تحقیق نے ان کی تنقید کو وژن عطا کیا۔ انھوں نے قدیم دور کے بہت سے تاریک گوشوں کو منور کیا۔ زبان کی ہندوستانیت اور چلن سے اس کے رشتے کو اجاگر

کیا۔ میرؔ کے مطالعے میں سماجی اثرات کی نشان دہی کی۔ گو وہ میرؔ کے فن کے جادو تک نہ پہنچ سکے مگر میرؔ کی عظمت کے نقش کو گہرا کرنے میں کامیاب ضرور ہوئے۔

نیازؔ کی دانشوری، ان کی تنقید سے زیادہ اہم ہے مگر زبان کی صحت پر اصرار کے ساتھ انھیں نظیر اکبر آبادی کی معنویت کا بھی احساس ہے اور اس طرح یہ کہا جا سکتا ہے کہ ادب کے بت ہزار شیوہ کے پرستار، وہ بھی ہیں، اور فراقؔ کو انھوں نے ایک معنی میں دریافت کیا اور تبصروں کی ایک اچھی روایت قائم کی، مگر سخن فہم ہوتے ہوئے بھی وہ پاسداری کے چکر سے نہ نکل سکے۔ جوشؔ اور جگرؔ پر ان کے فرمودات اسی ذیل میں آتے ہیں۔ ان کا زبان کا تصور خاصا بے لچک کہا جاسکتا ہے۔ یہ لغت کو زیادہ ملحوظ رکھتا ہے چلن کو کم۔

حالیؔ کے باوجود شعر کی زبان کے سلسلے میں ہمارا مزاج خاصا سخت گیر اور خواص پسند رہا ہے۔ متروکات کا سارا سلسلہ، صحت زبان کے سارے مباحث، بحور و قوافی کے سارے آداب پر بڑھا ہوا اصرار، ادبی اظہار کے ایک خاص معیار سے گہرا شغف، ایک خواص پسندی کا غماز ہے جو عوامی فضا کی ذرا سی گرد بھی پورا نہیں کرتی۔ نظیر کی اہمیت اور معنویت کا اتنی دیر میں اعتراف اس وقت ممکن ہوا جب حالیؔ کے نظریۂ شعر نے اس خواص پسندی پر نکتہ چینی کی اور شعر میں دل فریبی کے بجائے دل گدازی، صنعت کے بجائے، سادگی اور مضمون آفرینی کے بجائے اصلیت اور واقعیت پر زور دیا۔

ترقی پسند تنقید کا ایک کارنامہ یہ ضرور ہے کہ اس نے حقیقت پسندی اور عوامی فضا پر توجہ کم کی۔ پریم چند کا یہ جملہ کہ "ہمیں حسن کا تصور بدلنا ہوگا" کلیدی اہمیت کا حامل ہے۔ ترقی پسند تنقید دراصل حالیؔ کی روایت کی توسیع ہے۔ اس نے ادب کے متعلق چند اہم سوال اٹھائے، ادب اور سماج کے رشتے پر از سر نو غور کیا۔ مہذب شعور پر توجہ مرکوز

کی۔ ذوقیات اور وجدانیات کے دھندلکے کو چاک کرنے کی کوشش کی۔ روشن خیالی پر اصرار کیا۔ غزل کی آمریت پر اعتراض کیا، ماضی کے طلسم میں اسیر رہنے پر ٹوکا، حال کے آشوب پر نظر کی، مگر سچی بات یہ ہے کہ اس نے نظریے پر زیادہ زور دیا، نظر پر کم۔ ترقی پسندی پر زیادہ اصرار کیا، ادب پر کم۔ یہ الگ بات ہے کہ ترقی پسندی بذات خود کوئی آئیڈیل یا آدرش ہونا چاہیے یا نہیں، اس لیے کہ ہر ترقی اپنے ساتھ کچھ تنزل بھی ضرور لاتی ہے۔

انیسویں اور بیسویں صدی میں انسان نے جو ترقی کی ہے وہ مسلم ہے مگر اس کے ساتھ انسانیت میں جو بحران آیا ہے اس کا بھی اعتراف ہونا چاہئے، آدرش اگر ہو سکتا ہے تو انسان دوستی اور آج اسی کو سب سے بڑا خطرہ ہے۔ ترقی پسند تنقید سیاسی نقطۂ نظر کو ادبی حریت فکر کے مقابلے میں زیادہ اہمیت دیتی ہے۔ یہ لٹریچر کی نہیں لینن کے جانبدار لٹریچر۔Partisan Literature کی قائل ہے جس میں ٹالسٹائی کے لیے بھی محفوظات ذہنی ہیں۔

اختر رائے پوری کا ٹیگور اور اقبال کی شاعری کے متعلق یہ خیال تھا کہ "یہ بیماروں کی طرح زندگی سے گریز کرتی ہے۔" اور اکبر الہ آبادی کے متعلق انھوں نے فرمایا کہ "المیہ طنزیہ تُک بندی کے پیراے میں کفر کے فتوے صادر کرتی ہے۔" ترقی پسند تنقید میں تین نقاد ایسے ہیں جن کی ادبی اہمیت ہے۔ مجنوں، احتشام حسین اور ممتاز حسین۔ دوسرے اشخاص کے یہاں سیاست ادب سے زیادہ اہم ہے۔ سیاست ادب میں شجر ممنوع نہیں جس طرح اخلاق یا فلسفہ ٹاٹ باہر نہیں۔ اخلاق ہو یا فلسفہ یا سیاست۔ میں تو یہاں تک کہنے کو تیار ہوں کہ بالآخر ادب ایک اخلاقی شعور دیتا ہے۔ ایک مہذب اور منظم معیار عطا کرتا ہے اور سماجی زندگی جو رخ اختیار کر رہی ہے اس کا محاسبہ بھی سکھاتا ہے۔ ادب میں ہر

نظریے کی گنجائش ہے مگر اس کا اظہار ادبی پیرائے میں ہونا چاہیے یعنی مرکزیت ادب کو حاصل ہونی چاہئے، سیاست یا اخلاق یا فلسفے کو نہیں۔

ادب متاثر کرنے کے ساتھ ذہن کو منور بھی کرتا ہے۔ ترقی پسند تنقید میں مارکسزم سے جو شغف تھا وہ قابل اعتراض نہ تھا۔ مارکسزم روس میں اشتراکیت کے زوال کے باوجود آج بھی ایک اہم مکتبِ فکر ہے جسے نظر انداز نہیں کیا جاسکتا۔ قابل اعتراض ادب کی ایک سیاسی پارٹی کے منشور کے مطابق تفہیم اور اسی کو سب کچھ سمجھنا تھا۔ ادب میں ہر نظریے کی گنجائش ہے۔ مارکسزم ہو یا وجودیت، ایلیٹ اور اقبال کا مذہبی اور اخلاقی وژن ہو یا ینگ کے اجتماعی لاشعور یا فرائڈ کے حظ اور کرب Pleasure And Pain کے متعلقات، مگر اس میں ادب کی مخصوص بصیرت، اس کے وژن اور اس وژن کے موزوں اظہار کا سوال مرکزی اہمیت رکھتا ہے۔ ادبی اظہار کے سانچے بدلتے رہے ہیں، مگر حسن کاری کے آداب کے مطابق یہ آرائش خم کاکل کے ساتھ اندیشہ ہائے دور دراز کا کاروبار انسان کے خوابوں اور ان خوابوں کی حقائق سے جنگ، مستی اندیشہ ہائے افلاکی کے ساتھ زمین کے ہنگاموں کو سہل کرنے کا عزم ابدی ہے۔

ادب وقتی، ہنگامی واقعات کو ابدی تناظر میں دیکھنے کا نام ہے۔ ہر لمحے کے ساتھ بدل جانے کا نام نہیں۔ یہ زندگی کے تسلسل اور تغیر دونوں کے تناظر کا نام ہے۔ یہ ذات کو کائنات کے احساس کی پہلو داری اور تہہ داری عطا کرتا ہے۔ مگر اس کی بات ذات کے گنجینہ معنی کا طلسم ہے۔ یہ زندگی کی کسی ایک سچائی کو نہیں، زندگی کی ساری اور بعض اوقات متضاد سچائیوں کو سامنے رکھتا ہے۔ یہ بریخت کو بھی مانتا ہے اور بیکٹ کو بھی، کافکا کو بھی اور کامیو کو بھی، اقبال اور ٹیگور کو بھی اور فیض میراجی کے ساتھ راشد کو بھی۔ ترقی

پسند تنقید ادب کے اس ہزار شیوۂ حسن کو سمجھ نہیں سکی۔

جدیدیت کا میلان ترقی پسندی کی توسیع نہیں تھا۔ یہ ایک رد عمل تھا، یہ ایک ذہنی افق پر نظر مرکوز کرنے کے بجائے فضا میں پرواز کا عزم تھا۔ یہ سیاسی وابستگی Commitment کے بجائے آزاد فکر سے وابستگی اور ادب سے وابستگی کا اعلان تھا۔ ترقی پسند تنقید تصویر کا ایک سیاسی رخ دیکھتی تھی۔ رد عمل کے طور پر اس نے دوسرے رخ پر زور دیا مگر ہمارے ملک میں ہر میلان بہت جلد کلیشے بن جاتا ہے۔ سرخ سویرے اور طبقاتی کش مکش کی جگہ کرب، ذات، تنہائی اور ریت کی دیوار کی تکرار نے لے لی۔ ماڈرنزم یعنی جدیدیت جلد Post-Modernism پس جدیدیت کی طرف مائل ہو گئی۔ میں ماڈرنزم کا قائل ہوں مگر پس جدیدیت نے جو انسان دوستی کی قدروں کے خلاف محاذ بنا رکھا ہے اسے اسٹائنر Steiner کے الفاظ میں "بربریت" سمجھتا ہوں۔

اردو تنقید کو آج جدیدیت سے آگے جا کر نئی انسان دوستی کی طرف جانا ہے۔ جدیدیت نے ایک اہم نقاد اردو کو دیا ہے۔ یہ ہیں شمس الرحمن فاروقی۔ یہ مشرقی اور مغربی دونوں معیاروں کا لحاظ رکھتے ہیں۔ پرواز میں نشیمن پر ان کی نگاہ رہتی ہے۔ میرؔ اور غالبؔ کی عظمت کو اور واضح کرنے میں ان کی تحریروں سے مدد ملی ہے۔ زبان کے اسرار و رموز پر ان کی نظر ہے۔ خود ان کی زبان تنقید کی مدلل اور پُر مغز زبان ہے۔ شاعری کی تہہ داری کا انھیں بھرپور احساس ہے۔ مگر انھوں نے افسانے کی اہمیت کا راز نہیں سمجھا۔ منٹو کا ٹوبہ ٹیک سنگھ اور بیدی کا لاجونتی جس طرح افسانے کے کوزے میں زندگی کا سمندر بھر دیتے ہیں، اس پر ان کی نظر نہیں گئی۔ جس طرح حسن شناس حسن کی ہر ادا کو پہچانتا ہے، اسی طرح ادبی نقاد کو بھی فن کے ہر جلوے کو اہمیت دینی چاہیے۔ کوئی کرن کسی

دوسری کرن سے کمتر نہیں ہوتی۔ اس کا بھی لحاظ کرنا چاہیے۔

دوسری زبانوں کے تنقیدی سرمائے کی طرح ہمارے تنقیدی سرمائے میں بھی شاعری کی تنقید زیادہ ہے۔ نثر خصوصاً فکشن کی تنقید کم۔ یہ بات سمجھ میں آتی ہے۔ ہر زبان کی شاعری کی ایک خاصی، قدیم، ترقی یافتہ اور رچی ہوئی روایت ہے۔ پھر اس میں معنی خیز تجربوں کی رنگارنگی ہے۔ نثر پر توجہ بہت بعد میں ہوئی اور مغرب میں فکشن کی روایت تو دوڈھائی سو سال سے زیادہ کی نہیں۔ ہمارے یہاں ڈیڑھ سو سال کی ہے۔ نثر کی ترقی میں بیانیہ کے ارتقا کی بڑی اہمیت ہے۔ اس کے مقابلے میں حقیقت نگاری کی داستانوں میں اس کی جھلک ضرور ہے، مگر اس کی ترقی فکشن کے ارتقا سے وابستہ ہوتی ہے اس میں بھی "چاہیے" پر زیادہ زور رہا ہے، پر توجہ کم ہوئی۔ مگر بیسویں صدی میں مختصر افسانے نے گہرائی اور بلندی کی جو منزلیں طے کی ہیں اور پچھلے چالیس سال میں ناول پر جو توجہ ہوئی ہے، ہمارے نقادوں نے ابھی تک اس کے ساتھ انصاف نہیں کیا۔

شاعری کی بلندی اور پرواز کو تسلیم کرتے ہوئے کہنا پڑتا ہے کہ متمدن انسان کی روح، سماج کے میلانات، زندگی کی رنگارنگی، فرد کے باطن کی جو عکاسی ادھر ناول میں ہوئی ہے اس کی قدرشناسی کی لے ابھی مدھم ہے، اسے تیز تر کرنا ہو گا کہ اس کے بغیر ہم اپنے ادبی سرمائے کے بڑے حصے کے ساتھ انصاف نہیں کر سکیں گے۔ عملی تنقید کے ضرور قابل قدر کارنامے سامنے آرہے ہیں۔ لیکن تقابلی تنقید بہت کم ہے۔ ہماری نثر ایک عرصے تک یا تو شاعری کے زیور سے کام لیتی رہی یا خطابت کی پرواز کے جوہر دکھاتی رہی۔ اسے لفظ کی وہ کفایت دیر میں آئی جسے کافکا "برف کاٹنے کے کلہاڑے" سے تعبیر کرتا ہے۔ ادھر تنقید نے شاعری کی زبان اور نثر کی زبان کے فرق کو بھی واضح کیا۔

شاعری میں لفظ اکائی ہے، نثر میں جملہ، نثر کا بھی ایک آہنگ ہے مگر بقول ڈرایڈن یہ "دوسرا آہنگ" ہے۔

باغ و بہار سے پہلے اردو نثر میں اردو پن تھا ہی نہیں۔ یہ فارسی کی بھونڈی نقل تھی۔ وجہیؔ کی ترنگ دربار کی پر تکلف فضا کے دھند لکے میں غائب ہو چکی تھی۔ میر امن، اردو خطوط کے غالب، سر سید، حالیؔ، شبلیؔ، نذیر احمد، عبد الحق، عابد حسین، منٹو اور عصمت کی نثر، نثر کے جوہر سے آشنا ہے۔ محمد حسین آزاد ہوں یا ابوالکلام آزاد طرحدار ضرور ہیں مگر ایک تمثیل اور دوسرا خطابت کے بغیر لقمہ نہیں توڑتا۔ ہماری نثر کو ابھی جذباتیت سے اور بلند ہونا ہے۔ مقصدیت کے دباؤ سے آزاد ہو کر زندگی کی معنویت کے ان گنت پہلوؤں کی عکاسی کے لیے اپنے آپ کو آمادہ کرنا ہے۔ پھر تنقید کے کسی ایک دبستان میں اسیر ہونے کے بجائے اخلاقی، نفسیاتی، سماجی، فنی اور اسطوری ہر دبستان سے بقدر ضرورت استفادہ کرنا ہے مگر ادب کی مرکزیت کو ہر حال میں ملحوظ رکھنا ہے اور اس کی مسرت اور بصیرت دونوں کی پاسداری کرنا ہے۔ کچھ لوگوں نے اس سلسلے میں امتزاجی تنقید پر زور دیا ہے۔ اس کے لیے میں نے ۱۹۸۵ء میں انتخابی کی اصطلاح استعمال کی تھی۔ مشرقی اصول تنقید ناقص نہیں محدود ضرور ہیں۔ مغربی اصول تنقید بھی آنکھ بند کر کے تسلیم نہیں کیے جاسکتے۔ ہمارے رنگ محل میں ہر کھڑکی کھلی رہنی چاہیے تاکہ تازہ ہوا برابر آتی رہے۔ مگر ایسی آندھی سے خبردار رہنا چاہیے جو ہمارے رنگ و محل کو ہی تہہ و بالا کر دے۔ اقبال نے اس سلسلے میں پتے کی بات کہی ہے،

مشرق سے ہو بیزار نہ مغرب سے حذر کر
فطرت کا اشارہ ہے کہ ہر شب کو سحر کر

آج جب صارف سماج کا زور بڑھتا جا رہا ہے اور ادب کے وجود، اس کی معنویت، زندگی میں اس کی اہمیت، اشتہاریت اور مارکیٹ Market کے جال کی وجہ سے جمالیاتی تجربے، روح کی بیداری، تہذیب اور انسان دوستی میں یقین محکم کی لے کمزور ہوتی جا رہی ہے، آرنلڈ کے جہاد کی یاد آنی قدرتی ہے۔ آج تنقید کا کام صرف فن پاروں کی تشریح، توضیح، تفسیر اور تعبیر ہی نہیں، خود فن کی، تہذیب کی، ادب کی، انسانی قدروں کی، علم برداری کی اہمیت اور معنویت کی طرف سماج کی رہ نمائی کرنا بھی ہے۔

سائنس کے رول کی اہمیت کو تسلیم کرتے ہوئے ادب کے رول کو واضح کرنا، انسان کو انسان بنائے رکھنا، تہذیب اور اخلاق کی قدروں کو دلوں کی دھڑکن بنانا اور بھی ضروری ہو گیا ہے۔ اپنی زبان کے شاندار سرمائے، لفظ کی کائنات، آداب سخن سے بیگانگی برتی جا رہی ہے۔ ہمارے نئی نسل کی تربیت ادب کی ناقص تعلیم کے ماحول میں ہوتی ہے۔ اسے اچھی اردو آئی، نہ اچھی ہندی، نہ اچھی فارسی، نہ اچھی انگریزی۔ اپنے علاقے کی زبان پر بھی کم لوگوں کو عبور ہے۔ نقاد کو زبان کی اہمیت اور ادب کی معنویت کا خاص طور سے احساس دلانا ہے۔ پھر اسے کلاسیکی ادب کے معیاروں کی پاسداری کے ساتھ نئے ادبی میلانات کا شعور بھی عطا کرنا ہے۔ اسے مہذب قاری پر اصرار کرنا ہے۔ اس کا مطلب خواص پسندی نہیں، معیاروں پر توجہ ہے۔

تنقید علوم سے مدد لیتی ہے مگر اسے کسی مخصوص علم کی شاخ نہیں بنانا چاہیے۔ اس کا کام ادب کے رمز و ایما سے آشنا ہونا، اس کی مسرت اور بصیرت کا رمز شناس ہونا، روح انسانی کے سفر کا محرم ہونا ہے اور پس جدیدیت کی بڑھتی ہوئی بربریت کے مقابلے میں تہذیب انسانی کی بقا، جمالیاتی تجربے کی معنویت، شعر کی تہہ داری اور نثر کی بلاغت کو عام

کرنا ہے۔ ادب سستی تفریح نہیں عطا کرتا، زندگی کے معنی خیز تجربات اور خواب اور حقیقت کے تصادم کے احساس کے ذریعے سے زندگی کا عرفان عطا کرتا ہے۔ انسانیت کی اس دولت کی طرف توجہ دلانا نقاد کے لیے آج اور ضروری ہو گیا ہے۔ انجیل مقدس میں کہا گیا ہے کہ "پہلے لفظ تھا اور لفظ خدا کے ساتھ تھا اور لفظ خدا تھا۔" نقاد کا کام اس نکتے کی روشنی میں آج کے بدلتے ہوئے سماج میں زبان و ادب کے بنیادی کردار پر زور دینا ہی ہو سکتا ہے۔

***

۱۰

اردو کا واعظ شاعر

عبد الماجد دریابادی

آج سے کوئی ۲۵ سال ادھر کی بات ہے۔ الہلال افق کلکتہ سے نیا نیا طلوع ہوا تھا اور ملک کی ساری فضا ابو الکلامی ادب و انشاء کے غلغلہ سے گونج رہی تھی، کہ ایک روز اس کے کسی مقالہ کے ذیل میں یہ شعر نظر سے گزرا، تعزیر جرم عشق ہے بے صرفہ محتسب بڑھتا ہے اور ذوقِ گنہ یاں سزا کے بعد پڑھتے ہی طبیعت بے چین ہو گئی، لطف لے لے کر خدا جانے کتنی بار پڑھا، درج صرف شعر تھا شاعر کا نام نہ تھا، دل نے کہا اور اس کہنے میں تامل و تذبذب کی کوئی ضرورت نہ سمجھی کہ شعر غالبؔ کا ہے، دیوان غالبؔ میں پڑھنا یاد اگر نہیں پڑتا، نہ سہی، دیوان مطبوعہ میں اگر موجود نہیں نہ ہو، رہ گیا ہو گا۔ لیکن ہے یقیناً غالب کا۔ اس مسلم استاد کے سوا اور کون ایسا کہہ سکتا ہے؟ غالبؔ کا اتنا پختہ رنگ بجز خود غالبؔ کے اور کہیں مل ہی کہاں سکتا ہے؟ حاضری اسی درمیان میں ایک روز مولانا شبلی کے ہاں ہوئی (اکثر ہوتی ہی رہتی تھی۔) ذکر اس شعر کا آیا، ارشاد ہوا کہ غالبؔ کا نہیں حالیؔ کا ہے۔ ہائیں یہ کیا ارشاد ہوا؟ کہاں مولوی حالیؔ اور کہاں یہ شعر؟ بے چارے ایک سیدھے سادے واعظ قسم کے آدمی، روکھے پھیکے اشعار کے ناظم، انہیں غزل اور پھر غزل کے کسی پھڑکتے ہوئے شعر سے مناسبت کیا؟ شعر کے سارے تیور استاد غالب کے،

تخیل وہی، بندش وہی، زبان وہی، حالیؔ کے کلام میں نہ حسن بیان، نہ لطف زبان، نہ یہ روح، نہ یہ جان!، نہ تخیل میں رعنائی، نہ طرز ادا میں زیبائی! غرض دل نے کچھ جھنجھلا کر اور کچھ خفیف ہو کر یہ ساری جرحیں کر ڈالیں لیکن حقیقت بہر حال حقیقت ہی رہتی ہے۔ دیوان حالی اٹھا کر دیکھا تو غزلیات کی ردیف دال میں شعر اپنی جگہ پر موجود! کون حالی؟ وہی جن کے تغزل وتشبیب کی کوئی وقعت دل میں تھی ہی نہیں، بس شروع سے یہ خیال ہوا تھا کہ غزل کی رنگینیوں اور رنگین بیانیوں سے انہیں واسطہ کیا، ایک خشک نظم نویس، کلام میں عاشقانہ مضامین کا قحط، بندشیں سست، خدا غریق رحمت کرے دور اول کے اودھ پنچ کو اور بھلا کرے اس کے نقادان فن اور شہسوار سخن کا۔ یہ اسی کا فیض تھا کہ ایک عامی اور مبتدی طالب علم ہی کے نہیں خدا جانے کتنے پڑھے لکھوں، پختہ کاروں، لائق فائق زباں دانوں کے دل میں بس یہی رچا ہوا تھا۔ ادھر حالی کا نام آیا اور ادھر کلام کی بے نمکی، بے اثری، روکھے پن کی تصویر آنکھوں ک سامنے پھر گئی! بات دل سے نکلتے ہی نکلتی ہے، اس ایک شعر سے کیا ہوتا ہے۔ شعر کیسا ہی بامزہ سہی، بہر حال ہے تو ایک ہی۔ اور دو ایک بامزہ شعر کس کے ہاں نہیں ملتے؟ مشق کرتے کرتے معمولی شاعر بھی دو چار شعر تو اچھے سے اچھے نکال ہی لاتا ہے۔ اچھا تو آج کی صحبت میں یہی نہ ہو کہ ہم آپ مل کر دیوان حالی کے اوراق الٹ پلٹ، ادھر ادھر سے دیکھ ڈالیں۔ عجب نہیں کہ کچھ اور چیزیں بھی ہاتھ آجائیں اور یہ گھنٹہ پون گھنٹہ کی محنت محض رائیگاں نہ جائے۔ دیوان کھولیے ردیف الف میں ایک مطلع یہ ملے گا، فطرت میں تری صوفی، گر نور صفا ہوتا تو سب میں ملا رہتا اور سب سے جدا ہوتا اس غزل میں فرماتے ہیں، ہم وقتِ وداع ان سے ہنس ہنس کے ہوئے رخصت رونا تھا بہت ہم کو روتے بھی تو کیا ہوتا وداع ور خصت کے بڑے بڑے رقت انگیز مضمون آپ کی نظر سے گزر چکے ہوں گے لیکن حسرت ویاس کی

جو تصویر اس رونے میں نہیں، ہنسی میں دکھا دی گئی ہے، اس کا بھی کوئی جواب ہے؟ اور پھر فرماتے ہیں، جو جان سے درگزرے، وہ چاہے سو کر گزرے گر آج نہ تم آتے کیا جانیے کیا ہوتا عاشق کی جانبازی کے افسانے بھی بھی سب دہراتے چلے آئے ہیں لیکن اس "کیا جانیے کیا ہوتا" کے کنایہ کے اندر جو بات ہے، وہ کی تصریح کے بعد پیدا ہونی ممکن ہے؟ ناصح اور عاشق کی مڈبھیڑ دنیائے شاعری کی بڑی پرانی حکایت ہے حالی بھی ایک بار ملتے ہیں۔ جو دل پہ گزرتی ہے، کیا تجھ کو خبر ناصحکچھ ہم سے سنا ہوتا، پھر تو نے کہا ہوتا حالی نہ لڑتے ہیں نہ جھگڑتے، ایک آہ سرد بھر کر صرف اتنا کہتے ہیں اور کہہ کر چپکے ہو جاتے ہیں کہ، کچھ ہم سے سنا ہوتا، پھر تو نے کہا ہوتا۔ ناصح کو بے درد، بے حس، سب نے مانا ہے، یہاں عاشق کو اپنی داستان درد کی درد انگیزی پر اس درجہ اعتماد ہے کہ اس کے خیال میں وہ ناصح کے دل پر اثر کیے بغیر رہ نہیں سکتی، پتھر آخر کیسے موم ہو کر نہ رہے گا، کوئی فولاد اتنا گرم ہو بھی تو۔ نشان نہ تھا، گمان نہ تھا، اس زمین میں خوب خوب گل بوٹے کھلائے ہیں، آتے ہی ان کے بھول گئیں کلفتیں تماگویا ہمارے سر پہ کبھی آسماں نہ تھارونا یہ ہے کہ آپ بھی ہنستے تھے ورنہ یاں طعن رقیب دل پہ کچھ ایسا گراں نہ تھاتھا کچھ نہ کچھ کہ پھانس سی اک دل میں چبھ گئیمانا کہ اس کے ہاتھ میں تیر وسناں نہ تھاکیے خشک نظم نگاروں کا کلام ایسا ہی ہوتا ہے؟ اور آگے چلیے، بزم دشمن میں نہ جی سے اترا پوچھنا کیا تیری زیبائی کا بدگمانی کے لیے غیر کا سایہ پڑ جانا بھی کافی ہو جاتا، یہاں عین بزم رقیب میں رونقِ محفل بنا ہوا دیکھتے ہیں اور یہ کمال دل ربائی ہے کہ جی پھر بھی نہ ہٹا۔ کمال اپنا نہیں، اپنے وفور عشق کا نہیں، تمام تر انہیں کا، انہیں کے حسن بے پایاں کا" پوچھنا کیا تیری زیبائی کا۔" گویا جمال بھی انہیں کا اور کمال بھی انہیں کا۔ غالب کا مشہور مطلع ہے،، محرم نہیں ہے تو ہی نواہائے راز کا یاں ورنہ جو حجاب ہے پردہ ہے ساز کا یہی زمزمہ ذرا حالی کی زبان

سے سینیے اور واہ واہ کرتے رہ جایئے، تھی ہر نظر نہ محرم دیدار ونہ یاں نہ خار نخل ایمن و ہر سنگ طور تھا تجلیات حق کہاں نہیں؟ دکھائی نہ دیں تو قصور اپنی نظر کا ہوا یا حسنِ نامحدود کا؟ شعر یہ کہا ہے اور اپنی ساری متانت و ثقاہت کے باوجود، حضرت زاہد کے دامن پر چھینٹے ڈالتے چلے گئے ہیں، جانی نہ قدر رحمت حق پارسا نے کچھ ٹھہرا قصوروار اگر بے قصور تھا زاہدوں کی قسمت میں تو مزد ہی مزد ہے۔ محض رحمتِ حق کا نزول ظاہر ہے کہ انہیں پر ہو گا جو اپنی سیہ کاریوں کے باعث حقدار ذرا سے بھی اس رحمت کے نہ ہوں گے؟ شوخی اور طراری، دو الگ الگ چیزیں ہیں۔ اور ظرافت کے لیے یہ ہرگز ضروری نہیں، کہ اس کے ڈانڈے عریانی و فحاشی سے مل مل جائیں۔ حالی شریف ہیں اور متین۔ اول میں بھی متین آخر میں بھی متین، ذہانت، شوخی، ظرافت، طنز، موجود ان کے ہاں سب کچھ لیکن متانت کی شان سب پر غالب، گویا حضرت اکبر الہ آبادی کا پورا جواب۔ یہاں ہر منظر پر ذہانت کا پردہ پڑا ہوا وہاں ہر چہرہ پر ظرافت کا غازہ لگا ہوا۔ ان کا یہ رنگ کہ روتے ہوئے کو بھی گدگداتے جائیں۔ ان کا یہ بھی ڈھنگ کہ ہنسی آئے بھی تو پہلے منہ پر رومال رکھا دیں۔ ایک کے ہاں تمام تر شوخی و رنگینی، دوسرے کے ہاں ایک ذرا اداسی اور غمگینی! ایک کے ہاں قہقہوں اور تالیوں کا شور، دوسرے کے ہاں ادب، لحاظ اور قاعدہ کا زور۔ ایک کی مجلس طرب افروز، دوسرے کی صحبت سبق آموز۔ ان کے میز پر شراب و کباب، ان کے دواخانہ میں بید مشک اور عرق گلاب۔ باتیں سب عاشقوں والی کہے جاتے ہیں لیکن وہ نالہ رکتا ہوا، تھمتی ہوئی فریاد رہے! زبان سے جو بول ادا ہوتا ہے نیچی نظروں، شرمیلی نگاہوں کے ساتھ۔ لغزش مستانہ کے بجائے ہر قدم سلامت روی کی تصویر، لیکن کلام میں حلاوت اس درجہ کہ پڑھتے جایئے اور دل ہی دل میں مزے لیتے جایئے، دل سے خیال دوست بھلایا نہ جائے گا سینے میں داغ ہے کہ مٹایا نہ جائے گا مطلع تو

معمولی ہے لیکن آگے گلکاریاں ملاحظہ ہوں، تم کو ہزار شرم سہی، مجھ کو لاکھ ضبطالفت وہ راز ہے کہ چھپایا نہ جائے گاراضی ہیں ہم کہ دوست سے ہو دشمنی مگر دشمن کو ہم سے دوست بنایا نہ جائے گابڑھتے بڑھتے یہاں تک پہنچتے ہیں، کیوں چھیڑتے ہو ذکر نہ ملنے کا رات کے پوچھیں گے ہم سبب توبتایا نہ جائے گاذرا ان بزرگ کی کم سخنی ملاحظہ ہو۔ کچھ نہ کہنے پر سب کہہ جاتے ہیں، رات کے نہ ملنے کی وجہ ظاہر ہے، وعدہ تھا کس سے اور پورا جاکر کہاں ہوا وہی "کجامی نماید کجامی زند" کی پرانی داستان، کوئی دوسرا شاعر ہوتا تو کھل کھیلتا اور "معاملہ" کے پہچان جانے کی علامتیں خدا جانے کیا کیا بیان کر جاتا۔ ایک حالی کی متانت ہے کہ صراحت الگ رہی، کسی اشارہ کے بھی روادار نہیں، وہی نیچی نگاہیں اور زبان پر صرف اس قدر کہ عپوچھیں گے ہم سبب توبتایا نہ جائے گا۔ پھر آگے کہتے ہیں، ملنا ہے آپ سے تو نہیں حصر غیر پر کس کس سے اختلاط بڑھایا نہ جائے گایہاں استاد مومن کا بھی ایک مطلع یاد کر لیجئے، کیونکر یہ کہیں منتِ اعدا نہ کریں گے کیا کیا نہ کیا عشق میں کیا کیا نہ کریں گے خاکساری کے مضامین آپ نے بارہا سنے ہوں گے، کیسی کیسی نازک خیالیاں اس میں صرف ہو چکی ہیں اور تعلی تو ہمارے شاعر حضرات کی گویا جاگیر ہی ہے، اب ذرا دیکھیے کہ اردو کا واعظ شاعر ان دونوں اضداد کو کس بلاغت سے جمع کرتا ہے اور ایک مختصر سے شعر کے اندر کس نادر اور اچھوتے انداز سے تعلی سے خاکساری پیدا کر رہا ہے اور خاکساری سے تعلی نکال رہا ہے۔ ہم نے ہر ادنیٰ کو اعلیٰ کر دیاخاکساری اپنی کام آئی بہتبیت الغزل سن چکے تو اب مطلع اور ایک آدھ شعر اور بھی ملاحظہ میں آجائیں، گو جوانی میں تھی کج رائی بہتپر جوانی ہم کو یاد آئی بہتوصل کے ہو ہو کے ساماں رہ گئےمینہ نہ برسا اور گھٹا چھائی بہتآرہی ہے چاہِ یوسف سے صداد وست یاں تھوڑے ہیں اور بھائی بہتکیے اب بھی حالی دہلی کے نرے کھرے "واعظ" رہے؟ وہی خشک اور بے مزہ پھیکی اور بے اثر نظم کہنے

والے رہے؟ اور پھر اس غزل کے بعد یہ غزل،ان کے جاتے ہی یہ کیا ہو گئی گھر کی صورتنہ وہ دیوار کی صورت نہ وہ در کی صور تکس سے پیمان وفا باندھ رہی ہے بلبلکل نہ پہچان سکے گی گل تر کی صور تواعظو آتشِ دوزخ سے جہاں کو تم نے یہ ڈرایا ہے کہ خود بن گئے ڈر کی صورتان کو حالیؔ بھی بلاتے ہیں گھر اپنے مہماںدیکھنا آپ کی اور آپ کے گھر کی صور تمقطع سے متعلق ایک لطیفہ، مولانا شبلی کی زبان سے سنا ہوا عرض کرنے کی اور اجازت دیجیئے۔ علی گڑھ کے طالب علموں کی شوخیاں سارے زمانہ میں مشہور ہیں۔ حالیؔ کی یہ غزل جب اول بار شائع ہوئی تو کالج کے ایک نوجوان، داؤد احمد امروہوی مرحوم کو اس پر تضمین کی سوجھی۔ سننے کے قابل مقطع کا بند ہے،چاہیے جبکہ ارادہ کرے کوئی انساںدیکھ لے خوب کہ ہے شوق وہ اس کے شایاں سن کے لوگوں سے کہ آئے تھے وہ داؤد کے ہاںان کو حالیؔ بھی بلاتے ہیں گھر اپنے مہماںدیکھنا آپ کی اور آپ کے گھر کی صورتتعزیر جرم عشق والا شعر شروع مضمون میں عرض ہو چکا۔ اب دو شعر اور اسی غزل کے پیش ہیں، گر درد دل سے پائی بھی اے چارہ گر شفا آتی ہے دل کی موت نظر اس شفا کے بعد مدت سے تھی دعا کہ ہوں بدنام شہر شہر بارے ہوئی قبول بہت التجا کے بعد عاشقی میں بجز رسوائی اور بدنامی کے اور رکھا کیا ہے۔ عاشق کا کمال یہ ہے کہ اس زمانہ بھر کی رسوائی سے مغموم نہیں ہوتا۔ بچنا نہیں چاہتا ہے، الٹا خوش ہوتا ہے اور اس کی طلب و تلاش میں نکلتا ہے۔ معرفت کے رنگ میں یہ مطلع چھوڑتے نہیں بنتا،ہے یہ تکیہ تیری عطاؤں پر وہی اصرار ہے خطاؤں پر اکبر نے بھی ایک مصرع میں یہی مضمون ادا کیا ہے۔ اسی کی عظمت سے کوئی خائف،اسی کی رحمت پہ کوئی غافل !شاعر اردو کے تھے لیکن کہیں کہیں عربی مصرعے اس بے تکلفی، سلاست اور برجستگی کے ساتھ لگائے ہیں کہ جیسے شعر اپنی ہی زبان میں کہہ رہے ہیں۔یاد میں تیری سب کو بھول گئے کھو دیے ایک دکھ نے

سب امر اضد یکھیے تو بھی خوش ہے یاناخوشاور تو ہم سب سے ہیں کچھ ناراضکھتے کہتے، کہتے ہیں،لاابالی بان یعاتبنیکل ناس وانت عنی راضیہ وہی مضمون ہے جسے محمد علیؒ جوہر آپنے رنگ میں یوں باندھ گئے ہیں، کیاڈر ہے جو ہو ساری خدائی بھی مخالفکافی ہے اگر ایک خدا میرے لیے ہے ایک اور عربی مصرعہ اسی غزل میں، ہے فقیہوں میں اور ہم میں نزاعھل لنا فی نزاعنا من قاضلیجیئے، دیوان کی جلدی جلدی ورق گردانی کرتے کرتے ہم آپ، ردیف میم تک پہنچ گئے۔ ایک غزل پر نظم جم کر رہ گئی۔ معاملہ بندی کی ساری نزاکتوں کے ساتھ ساتھ، یہ متانت، یہ احتیاط، یہ ضبط، حالی کا حصہ ہے،

آگے بڑھے نہ قصۂ عشق بتاں سے ہمسب کچھ کہا مگر نہ کھلے رازداں سے ہماب بھاگتے ہیں سایۂ عشق بتاں سے ہمکچھ دل سے ہیں ڈرے ہوئے کچھ آسماں سے ہمجنت میں نہیں اگر اے زخم تیغ عشقبدلیں گے تجھ کو زندگی جاوداں سے ہماب شوق سے بگاڑ کی باتیں کیا کروکچھ پاگئے ہیں آپ کی طرز بیاں سے ہمیہ شعر اگر حالی کے دیوان سے نکال کر، مومن یا شیفتہ کے دیوان میں لگا دیے جائیں تو کسی کو کچھ پتہ بھی چلنے پائے گا؟ "گرانیاں، "کہانیاں ہیں" والی غزل اس زمانہ کی ہے جب حالی شاعر، حالی واعظ کے قالب میں آچکے تھے، اس پر بھی ذیل کے دونوں شعر دیکھئے، شعر کی زمین ہے کہ آسمان سے باتیں کر رہی ہے، کہتے ہیں جس کو جنت وہ ایک جھلک ہے تیریسب واعظوں کی باقی رنگیں بیانیاں ہیں روتے ہیں چار ہم پر ہنستے ہیں چار ہم پریاں تک ہماری پہنچی اب ناتوانیاں ہیں غزلوں کے متفرق اشعار کثرت سے گزر چکے، اب پوری غزل نمونہ کے طور پر ملاحظہ میں آجائے کہ انتخاب اشعار میں رورعایت کاشبہ نہ رہے، فرماتے ہیں اور ہر ہر شعر پر پڑھنے والے سے داد وصول کیے جاتے ہیں، ہے جستجو کہ خوب سے ہے خوب تر کہاںاب ٹھہرتی ہے دیکھئے جاکر نظر کہاں،ہیں دور جام اول شب میں خودی سے دور ہوتی ہے آج دیکھئے ہم

کو سحر کہاں یارب اس اختلاط کا انجام ہو بہ خیر تھا اس کو ہم سے ربط مگر اس قدر کہاں ماک عمر چاہئے کہ گوارا ہو نیش عشقر کھی ہے آج لذتِ زخم جگر کہاں مبس ہو چکا بیان کسل ورنج راہ کا! خط کا میرے جواب ہے اے نامہ بر کہاں کون و مکاں سے ہے دل وحشی کنارہ گیر اس خانماں خراب نے ڈھونڈھا ہے گھر کہاں حالی نشاط نغمہ و مے ڈھونڈتے ہو اب آئے ہو وقت صبح رہے رات بھر کہاں غزل نو شعر کی ہے، مراتب کا فرق یقیناً ان کے درمیان ہے لیکن فرمائیے اس میں پست ولغو شعر، نکال ڈالنے کے قابل کون سا ہے؟ کلام کی خشکی، اگر اسی کا نام ہے تو آخر 'تری' کے نمونے کہاں ملیں گے؟ ردیف یے، میں دو مختصر غزلیں 'گماں رہے، نشاں رہے' کی زمین میں ہیں۔ اس زمین کے دو ایک شعر ایسے صاف، سجل اور گویا سانچے میں ڈھلے ہوئے ہیں کہ بے تکلف زبان پر چڑھ گئے ہیں۔ کل مدعی کو آپ پہ کیا کیا گماں رہے بات اس کی کاٹتے رہے اور ہم زباں رہے دیر و حرم کو تیرے فسانوں سے بھر دیا اپنے رقیب آپ رہے ہم جہاں رہے یارانِ تیز گام نے محمل کو جالیا ہم محو نالۂ جرسِ کارواں رہے دریا کو اپنی موج کی طغیانیوں سے کام کشتی کسی کی پار ہو یا درمیاں رہے حسن قبول اگر ایسے کلام کو حاصل ہو جائے، تو اس پر حیرت ہی کیوں کی جائے۔ مغز و معنی سے قطع نظر سلاست، شستگی، روانی، بے ساختگی کسی حیثیت سے بھی یہ کلام کسی بلند سے بلند نمونہ سے پست ہے؟ کہنے والوں نے کہا ہے کہ حالی جب تک قدیم رنگ میں قائم رہے، اچھی اچھی غزلیں کچھ نہ کچھ بہر حال نکالتے رہی رہے مگر جب سے جدید رنگ میں پڑے، اپنی شاعری کو غارت کر کے رکھ دیا۔ یہ قول کسی حد تک تو شاید صحیح ہو لیکن تمام تر صحیح تو یقیناً نہیں۔ ابھی ابھی جو نمونے کلام کے گزر چکے، ان میں دس شعر اگر دور قدیم کے تھے تو چار دور جدید کے بھی۔ دونوں میں کوئی فرق و امتیاز محسوس ہوا؟ کلام جدید کے بہت سے نمونے اوپر گزر چکے، اب دو چار شعر اسی دور کی ایک اور غزل کے ملاحظہ

ہوں، جنوں کار فرما ہوا چاہتا ہے قدم دشتِ پیما ہوا چاہتا ہے بہت کام لینے تھے جس دل سے ہم کو وہ صرف تمنا ہوا چاہتا ہے ندرت قافیہ ملاحظہ ہو۔ وفا شرطِ الفت ہے لیکن کہاں تک دل اپنا بھی تجھ سا ہوا چاہتا ہے غمِ اشک کو تلخ سمجھے تھے ہمدمسو وہ بھی گوارا ہوا چاہتا ہے فزوں تر ہے کچھ ان دنوں ذوق عصیاں در رحمت اب وا ہوا چاہتا ہے خشکی اگر متانت بیان ہی کا دوسرا نام ہے تو یقیناً یہ اشعار بھی خشک ہیں، لیکن اگر متانت بیان عیب نہیں ہنر ہے، تو خدارا کوئی بتائے کہ خشکی کا اطلاق ایسے کلام پر کس طرح کیا جائے؟ غزلیات کا حصہ اب اچھا خاصا ہو چکا، عجب نہیں کہ اہل بزم، مقالہ نگار کی آشفتہ بیانی و ژولیدہ نگاری سے افسردہ وملول ہو چلے ہوں۔ اس لیے اب صرف ایک غزل اور اسی دور جدید کی سن کر یہ ورق الٹ دیجیے، ملنے کی جو نہ کرنی تھی تدبیر کر چکے آخر کو ہم حوالۂ تقدیر کر چکے اے دل اب آزمائش کا ہے وقتوہ امتحان برش و شمشیر کر چکے کہتے ہیں طبع دوست شکایت پسند ہے ہم شکوہ ہائے غیر بھی تحریر کر چکے بھولے رہے تصور مژگاں میں چند روز دیکھا تو دل کو ہم ہدف تیر کر چکے دل لے کے ایک میرا یہ فارغ ہوئے ہیں وہگویا کہ اک جہان کو تسخیر کر چکے حالی اب آؤ پیروئِ مغربی کریں بس اقتدائے مصحفی و میر کر چکے اور توجو کچھ ہے، خیر ہئی ہے، خود شوخی کے نمونوں سے یہ کلام کب خالی ہے؟ تیسرے شعر کے اندر لطیف شوخی کی جو کیفیت ہے، اسے لفظوں میں کوئی کیونکر بیان کر دے؟ بس بات کیا ہے وہی کہ نرم مخملیں پنجہ، آہنی دستانہ کے اندر چھپا ہوا، شوخی حدود متانت سے قدم باہر نہیں نکال سکتی اور اپنی لطیف ترین صورتوں ہی میں محدود رہ جاتی ہے۔ قلم کا مسافر، اب ذرا دم لے۔ شعر اب ایک آدھ نہیں رہا۔ دس بیس بھی نہیں سو پچاس شعر ہو چکے۔ کوئی تیر کوئی نشتر۔ اب بھی اس کلام سے وہی بد گمانی چلی جائے گی کہ خشک اور نرا واعظانہ ہے؟ خیال اب بھی یہی قائم رہے گا کہ حالی غزل گوئی میں بیٹے ہیں؟ غالبؔ اور مومنؔ اور

شیفتہ آسمان شعر کے آفتاب وماہتاب ہوئے ہیں۔ انہیں کے معیار پر کیسے، جانچ لیجئے پر کھ لیجئے۔ یہ سب کچھ ہے لیکن اس پر بھی حالیؔ کا اصلی میدان غزل کا میدان نہیں۔ ان کی شاعری 'واہ' کی نہیں 'آہ' کی نہیں، جوش ولولہ کی نہیں، حزن وحسرت کی ہے۔ نوعمری میں جو کچھ بھی رہے ہوں لیکن عمر کی پختگی کے بعد تو گل وبلبل کے افسانے چھوڑ اور زلف وابرو کے جنجال سے نکل، بس قوم کے ہو رہے تھے اور اب وہ تھے اور قوم کے اقبال کا ماتم۔ ساز کوئی سا بھی ہوتا، نغمہ یہی ایک نکلتا، کسی بڑے سے بڑے زندہ دل ظریف کا جوان، چہیتا بیٹا، آنکھوں کے سامنے تڑپ تڑپ کر دم توڑ رہا ہو، اس وقت باپ کے دل پر کیا گزر کر رہے گی؟ منہ قہقہوں کے لیے کھلے گا یا آہ وبکا کے لیے؟ زبان پر حسرت ویاس کے کلمے ہوں گے یا کوئی نئی پھبتی سوجھے گی؟ بس جو حال ہمارا آپ کا، ساری دنیا کا، بیٹوں کے لیے، بھائیوں کے لیے رہتا ہے، حالیؔ کا وہی حال ساری امت اسلامیہ کے لیے، ساری ملت کے لیے۔ ساری قوم کے واسطے تھا۔ یہ حال ان آنکھوں نے بعد کو مشہور قومی لیڈر محمد علی جوہر کا دیکھا، فرق یہ تھا کہ محمد علی کے ہاں طبیعت میں غضب کی تیزی تھی۔ حالیؔ کے ہاں آہ سرد بھی آئین وضابطہ کی زنجیروں میں جکڑی ہوئی۔ ایک کے ہاں تمام تر جوش اور شوریدگی، دوسرے کے ہاں ضبط و تحمل سے ملی ہوئی سنجیدگی۔ محمد علیؒ جدھر سے گزرتے، ایک عالم تہہ و بالا کر دیتے، حالی دلوں میں اندر ہی اندر حزن وغم کی پھانس چبھو کر رہتے۔ محمد علیؒ چیخیں مار مار کر خود روتے ہیں، اور دوسروں کو رلا مارتے ہیں۔ حالی سر جھکائے اداس صورت بنائے چپکے چپکے بیٹھے کلمہ شریف کا ورد کر رہے ہیں، ٹھنڈی سانسیں بھرتے جاتے ہیں اور جب آنکھیں بے اختیار نم ہونے لگتی ہیں تو چٹ رومال نکال آنسو پونچھ ڈالتے ہیں۔ طبیعت پر حسرت، اداسی اور غمگینی مستقل طور پر غالب ہوگئی تھی۔ جو بات بھی منہ سے نکلتی درد کی کسک سے خالی نہ ہوتی۔ دہلی کے طبیب اعظم، حکیم

محمود خاں کا مرثیہ لکھنے بیٹھے، تو لگے بجائے فرد کے قوم کا ماتم کرنے۔ غم نصیب سانحہ زدہ بوڑھیوں کو آپ نے دیکھا کہ دل پر جب تازہ داغ کھاتی ہیں تو ساتھ ہی پچھلے داغ بھی تازہ ہو جاتے ہیں اور بین اپنے آج ہی پر نہیں گزرے ہوئے کل، اور بھولے بسرے ہوئے پرسوں پر بھی کرنے لگتی ہیں۔ حالیؔ کا سینہ بھی داغوں سے لالہ زار بنا ہوا تھا۔ محمود خاں کے مرثیہ کے آخری بند ملاحظ ہوں۔ اپنے اصل مذاق طبیعت کی مصوری خود ہی کر دی ہے۔ پڑھتے جایئے، اور دل اگر درد مند ہے تو سرد آہیں بھرتے جایئے،شاید اب پہنچی ے ہم میں نوبت قحط الرجالا یک اٹھ جاتا ہے دنیا سے اگر صاحبِ کمالدوسری ملتی نہیں دنیا میں پھر اس کی مثالذات باری کی طرح گویا کہ تھاوہ بے ہمالظاہراًاب وقت آخر ہے ہماری قوم کامرثیہ ہے ایک کا اب نوحہ ساری قوم کاسنتے ہی حالیؔسخن میں تھی بہت وسعت کبھیتھیں سخنور کے لیے چاروں طرف راہیں کھلیداستان کوئی بیان کرتا تھا حسن و عشق کیاور تصوف کا سخن میں رنگ بھرتا تھا کوئیگاہ غزلیں لکھ کے دل یاروں کے گرماتے تھے لوگگہہ قصیدہ پڑھ کے خلعت اور صلے پاتے تھے لوگپر ملی ہم کو مجال نغمہ اس محفل میں کمراگنی نے وقت کی لینے دیاہم کو نہ دمنالہ و فریاد کاٹوٹا کہیں جاکر نہ سمکوئی یاں رنگین ترانہ چھیڑنے پائے نہ ہمسیہ کوبی میں رہے جب تک کہ دم میں دم رہاہم رہے اور قوم کے اقبال کا ماتم رہا" ہم رہے اور قوم کے اقبال کا ماتم رہا" اس ایک مصرعہ میں واعظ شاعری کی پوری آپ بیتی آگئی۔ یہ نہ تھا کہ ظرافت نہیں آتی تھی، طنز تو ایسا کر جاتے اور اس کثرت سے کرگئے ہیں کہ کوئی اگر طنزیات حالی کو یکجا کرنے پر آ جائے تو طنزیات ومضحکات کا اچھا خاصہ مشتمل رسالہ تیار کرلے جائے لیکن وہی متانت کا طبعی رنگ ظرافت پر بھی چھایاہوا۔ کھلکھلا کر ہنسنا تو جانتے ہی نہیں۔ جب دوسروں کو ہنسانا چاہتے بھی ہیں تو خود محض زیرلب مسکرا کر رہ جاتے ہیں۔ گورے اور کالے کی قسمت کے فرق کا

تماشا اپنے وطن کی سرزمین پر آپ بارہا دیکھ چکے ہوں گے، اب ذرا ایک یہ منظر مرقع حالی میں بھی دیکھتے چلیے، دو ملازم ایک کالا اور گورا دوسرا دوسرا پیدل مگر پہلا سوار راہوار تھے سول سرجن کی کوٹھی کی طرف دونوں رواں کیونکہ بیماری کی رخصت کے تھے دونوں خواستگار راہ میں دونوں کے باہم ہم ہوگئی کچھ ہشت مشتکو کھ میں کالے کی ایک مکا دیا گورے نے مار صدمہ پہنچا جس سے تلی کو بہت مسکین کیا آگے گھوڑے سے لیا سائیس نے اس کو اتار ٹھوک کر کالے کو گورے نے تو اپنی راہ لیچوٹ کے صدمہ سے غش کالے کو آیا چند بار آخر ش کوٹھی پہ پہنچے جا کے دونوں پیش وپسضارب اپنے پانوں اور مضروب ڈولی میں سوار ڈاکٹر نے آکے دونوں کی سنی جب سر گزشتتہ کو جا پہنچا سخن کی سن کے قصہ ایک بار دی سند گورے کو لکھی تھی جس میں تصدیق مرض اور یہ لکھا تھا کہ سائل ہے بہت زار و نزار یعنی اک کالا نہ جس گورے کے مکے سے ے مرے کر نہیں سکتا حکومت ہند پر وہ زینہار اور کہا کالے سے تم کو مل نہیں سکتی سند کیونکہ تم معلوم ہوتے ہو بظاہر جاندار ایک کالا پٹ کے گورے سے جو فوراً مر نہ جائے آئے بابا اس کی بیماری کا کیونکر اعتبار اب کون ایسا بے انصاف ہوگا۔ جو اس کے بعد بھی حالی کی خشک نگاری کا شکوہ سنج رہے چلا جائے گا؟ مشاعرے کی محفل گرم ہے۔ کاملین فن جمع ہیں۔ دہلی کے دور آخر کے استادوں کا مجمع ہے۔ لوگ منتظر ہیں کہ غالبؔ و شیفتہؔ کے شاگرد رشید کی زبان سے کوئی پھڑکتی ہوئی مزیدار سی عاشقانہ غزل سننے میں آئے گی۔ رندی و ہوسناکی کی روح تازہ ہو جائے گی۔ شاعر کا منہ کھلا تو یک بیک یہ معلوم ہوا کہ مشاعرہ نہیں مجلس عزا ہے اور غزل نہیں نوحہ پڑھا جا رہا ہے۔ اگلے عزیز و رفیق سب ایک ایک کر کے یاد آرہے ہیں اور نام لے لے کر دل کی بھڑاس نکالی جا رہی ہے۔ نوحہ آج بھی اور کاغذ پر چھپا ہوا دل والوں کے لیے موثر ہے۔ ساٹھ سال پیشتر کیسا کچھ رقت انگیز رہا ہوگا! خصوصاً جس وقت قدردانوں

کے بھرے مجمع میں شاعر کی زبان سے ان کے پر اثر لہجہ کے ساتھ ادا ہوا ہوگا، تذکرہ دہلی مرحوم اے دوست نہ چھیڑ نہ سنا جائے گا ہم سے یہ فسانہ ہرگز صحبتیں اگلی مصور، ہمیں یاد آئیں گیکوئی دلچسپ مرقع نہ دکھانا ہرگز لے کے داغ آئے گا سینہ پہ بہت اے سیاح دیکھ اس شہر کے کھنڈروں میں نہ جانا ہرگز چپے چپے پہ ہیں یاں گوہر یکتا تہہ خاک دفن ہوگا کہیں اتنا نہ خزانہ ہرگز مٹ گئے تیرے مٹانے کے نشاں بھی اب تو اے فلک اس سے زیادہ نہ مٹانا ہرگز ہم کو گر تو نے رلایا اے چرخ ہم پہ غیر کو تو ظالم نہ ہنسانا ہرگز یار خود روئیں گے کیا ان پہ جہاں روتا ہے ان کی ہنستی ہوئی شکلوں پہ نہ جانا ہرگز بخت سوئے ہیں بہت جاگ کے اے دور زماں نہ ابھی نیند کے ماتوں کو جگانا ہرگز غالبؔ و شیفتہؔ و نیرؔ و آزردہؔ و ذوقؔ اب دکھائے گا یہ شکلیں نہ زمانہ ہرگز مومن و علوی و صہبائی و ممنون کے بعد شعر کا نام نہ لے گا کوئی دانا ہرگز کر دیا مر کے یگانوں نے یگانہ ہم کو ورنہ یاں کوئی نہ تھا ہم میں یگانہ ہرگز داغؔ و مجروحؔ کو سن لو کہ پھر اس گلشن میں نہ سنے گا کوئی بلبل کا ترانہ ہرگز رات آخر ہوئی اور بزم ہوئی زیر و زبر اب نہ دیکھو گے کبھی لطفِ شبانہ ہرگز بزمِ ماتم تو نہیں بزم سخن ہے حالیؔ یاں مناسب نہیں رو رو کے رلانا ہرگز آج اگر ہمارے آپ کے آنسو نہیں ٹپک پڑتے تو ہمیں "دہلی مرحوم" کے مرحوم ہونے کا احساس ہی کب ہے؟ آنکھوں میں تو اب "نئی دہلی" بسی ہوئی ہے، شاہ جہان آباد جانتا کون ہے؟ اسمبلی ہال کے سامنے، لال قلعہ کو جھانکنے بھی کون جاتا ہے؟ افسانۂ ماضی کو تو ہم ماضی کے حوالے کر ہی چکے، اب رونا آئے بھی تو کس بات پر؟ بھائی اور بیٹے کی تازہ میت پر سب روتے ہیں، بھولے بھالے ہوئے دادا پر دادا کی موت کے ذکر پر آنسو نکلتے کس کے دیکھے ہیں؟ مسدس مد و جزر اسلام فرط شہرت سے محتاج نہ کسی تعریف کا، نہ کسی تعارف کا، نہ کسی نئی مدح و توصیف کا، نہ کسی جدید تبصرہ کا۔ ایک مسلسل داستانِ درد شروع سے آخر تک ہے، آخر میں بہ طور سے ضمیمہ ایک قصیدہ لگا

ہوا ہے۔ شاعر مسلمان ہے اور مسلمان کی حیثیت سے، اسلام اور مسلمانوں کا حال زار، دربار رسالت میں عرض کر رہا ہے۔ اس عرض و معروض میں اللہ اکبر کس قدر اخلاص ہے اور کس قدر نیاز، کس درجہ تعلق خاطر ہے اور اصلاح حال کے لیے کس درجہ بے قراری! اے خاصۂ خاصانِ رسل وقتِ دعا ہے امت پہ تری آ کے عجب وقت پڑا ہے جو دین بڑی شان سے نکلا تھا وطن سے پردیس میں وہ آج غریب الغربا ہے ۱۵، ۲۰ شعروں میں اپنے حال کا عبرت انگیز مقابلہ اپنے 'ماضی' سے کرتے چلے گئے ہیں، اس کے بعد کہتے ہیں، گو قوم میں تیرے نہیں اب کوئی بڑا ئیپر نام تیری قوم کا یاں اب بھی بڑا ہے ڈر ہے کہیں یہ نام بھی مٹ جائے نہ آخر مدت سے اسے دور زماں میٹ رہا ہے آگے پھر وہی مدو جزر اقبال وزوال کی داستان سرائی ہے، لیکن پھر سنبھلتے ہیں اور کہتے ہیں کہ اس میں شکوہ کس کا اور شکایت کس کی؟ اے چشمۂ رحمت بابی انت وامید نیاپہ ترا لطف سدا عام رہا ہے جس قوم نے گھر اور وطن تجھ سے چھڑایا جب تو نے کیا نیک سلوک ان سے کیا ہے اس متن کی تھوڑی سی شرح کے بعد پھر متوجہ ہوتے ہیں، برتاؤ ترے جبکہ یہ اعدا اسے ہیں اپنے اعدا سے غلاموں کو کچھ امید سوا ہے امت میں تیری نیک بھی ہیں بد بھی ہیں لیکند لدادہ ترا ایک سے ایک ان میں سوا ہے امت کا جو تعلق رسولؐ کے ساتھ ہے، اس کا مقابلہ دنیا کا کوئی تعلق کر سکتا ہے؟، جو خاک تیرے در پہ ہے جاروب سے اڑتیوہ خاک ہمارے لیے داروئے شفا ہے جو شہر ہوا تیری ولادت سے مشرفاب تک وہی قبلہ تیری امت کا رہاہے جس شہر نے پائی تیری ہجرت سے سعادتکعبہ سے کشش اس کی ہر اک دل میں سوا ہے آخر میں گویا دل چیر کر سامنے رکھ دیتے ہیں، ہم نیک ہیں یابد ہیں پھر آخر ہیں تمہارے نسبت بہت اچھی ہے اگر حال برا ہے خود جاہ کے طالب ہیں نہ عزت کے ہیں خواہاں پر فکر تیرے دین کی عزت کا سدا ہے گر دین کی جوکھوں نہیں ذلت سے ہماری امت

تری ہر حال میں راضی برضا ہے عزت کی بہت دیکھ لیں دنیا میں بہاریں،اب دیکھ لیں یہ بھی کہ جو ذلت میں مزا ہے اس منزل پر پہنچ کر معاً یاد پڑجاتا ہے کہ موقع نازِ یوسفی کا نہیں، نیاز یعقوبی کا ہے۔ہاں حالی گستاخ نہ بڑھ حد ادب سے باتوں سے ٹپکتا تری اب صاف گلِا ہے ہے یہ بھی خبر تجھ کو کہ ہے کون مخاطبیا جنبشِ لب خارج از آہنگ خطا ہے یہ دل کی شاعری اس کی تھی، جس کے محض ایک خشک وعظ گو ناظم ہونے کا ڈھنڈورا کس بے دردی اور ناانصافی کے ساتھ ایک عالم میں پٹ گیا تھا۔ واعظ شاعر کی عام وعظ گوئی اور عام شاعری کے نمونے آپ نے دیکھ لیے۔ غزلیات کے حصہ کو چھوڑ کر باقی شاعری ایک مسلمان شاعر کے دل کی آواز تھی۔ ماتم تمام تر زوال امت اسلامیہ کا، مصوری تمام تر جذبات ملی کی۔ اب ختم صحبت پر ایک اچٹتی سی نظر حالیؔ کی آفاقی شاعری پر بھی ہو سکے تو بہتر ہے، آفاقی شاعری اسلامی شاعری سے الگ اور متغائر کوئی چیز نہیں، اس کے بلند ترین مقام کا نام ہے۔ بندہ اور پروردگار کے تعلق سے بڑھ کر وسیع وعالمگیر تعلق اور ہو بھی کیا سکتا ہے؟ شاعر نے جب براہ راست رب العالمین سے آہ وفریاد شروع کر دی، اور شاعری میں قید و تعینات کی جگہ وحدت نے لے لی، بس وہیں سے آفاقی شاعری ہو گئی۔ اور یہ ہیچمدان تو یہ عرض کرے گا کہ حالی نے عمر بھر بجز ایک "بیوہ کی مناجات" کے اگر کچھ نہ کہا ہوتا، تو ان کے لیے یہی ایک نظم دنیا عقبیٰ دونوں میں بس تھی، باتیں اتنی سچی اور ایسی روح کی گہرائیوں سے نکلی ہوئیں کہ آسمان کے فرشتے بھی سن کر سر دھنیں۔ بول اتنے میٹھے کہ خود معصیت بڑھ کر بلائیں لینے لگے۔ ذرا سنیے اور دل تھام کر سنیے۔ اے سب سے اول اور آخر جہاں تہاں حاضر اور ناظر اے بالا ہر بالا تر سے چاند سے سورج سے امبر سے سب سے انوکھے سب سے نرالے آنکھ سے اوجھل دل کے اجالے ناؤ جہاں کی کھینے والے دکھ میں تسلی دینے والے جب اب تب تجھ سا نہیں کوئیتجھ سے سب ہیں تجھ

سا نہیں کوئی بید، نرا سے بیماروں کا گاہک مندے بازاروں کا سوچ میں دل بہلانے والا پتا میں یاد آنے والا احمد باری صدہا بار آپ سن چکے ہوں گے۔ اتنی سادہ، اتنی معصومانہ، ساتھ ہی اتنی مؤثر حمد کا کوئی جواب اردو کے خزانے میں کہیں ہے؟ اے اٹکل اور دھیان سے باہر جان سے اور پہچان سے باہر عقل کوئی پا نہیں سکتا بھید ترے حکموں میں ہیں کیا کیا ایک کو تو نے شاد کیا ہے ایک کے دل کو داغ دیا ہے کھیتی ایک کی ہے لہراتی ایک کا ہر دم خون سکھاتی حال غرض دنیا کا یہی ہے غم پہلے اور بعد خوشی ہے رنج کا ہے دنیا کے گلا کیا تحفہ یہی لے دے کے ہے یاں کا مناجاتیں آپ نے بہتوں کی سنی ہوں گی۔ بڑے بڑے عابدوں زاہدوں کی سنی ہوں گی، اب فریاد اس بیکس و بے بس، بے آس اور نامراد دکھیاری کی بھی سنتے چلیے، یہاں نہیں بنتی رنج سہے بن رنج نہیں سب ایک سے لیکن تو ہی کر انصاف اے مرے مولا کون ہے جو بے آس ہے جیتا خواہ دکھی ہے خواہ سکھی ہے جو ہے اک امید اس کو بندھی ہے کھیتیاں جن کی کھڑی ہیں سوکھی آس وہ باندھے بیٹھے ہیں مینھ کیا یک ہے اس امید پہ جیتا اب ہوا بیٹا پر نہیں اٹھ سکتی وہ ہے مصیبت آئے گی جس کے بعد نہ راحت شاد ہو اس رہگیر کا کیا دل مر کے کٹے گی جس کی منزل ان اجڑوں کو کل پڑے کیونکر گھر نہ بسے گا جن کا جنم بھر آگے بڑھنے سے قبل، اگر خدا نخواستہ آپ کے حلقہ میں کوئی بپتا کی ماری نوجوان بیوہ ہو تو اس کا تصور ذہن میں جما لیجیے۔ نو عمری کا زمانہ، شوخی و شرارت کا ہونا، کھیلنا کھانا، دوڑنا، بات بات پر ہنسنا ہنسانا، ماں باپ نے بیاہ کس شوق کس خوشی سے رچایا۔ ہاتھوں پیروں میں مہندی لگی، نئے نئے بھاری جوڑے، نئے نئے زیور گہنے، طرح طرح کی رنگینیاں، نت نئی شوخیاں، دل میں کیسے کیسے ارمان بھرے ہوئے، نظروں میں کیا کیا نقشے جمے ہوئے! اتنے میں یک بیک یہ سب غائب۔ سارا منظر محض خواب و خیال۔ یہ ہاتھ اب عمر بھر چوڑیوں کو ترسیں گے۔ یہ کپڑے اب کبھی خوشبو

سے آشنا نہ ہوں گے، خوشبو کیسی رنگین کپڑے تک اب نصیب نہ ہوں گے۔ دنیا اپنے عیش کے کاروبار میں مصروف، محلہ اور برادری میں شادیوں کو دھومیں، خاص اپنے گھر میں برسات کی ملاریں، جھولے پڑ رہے ہیں، کھیل پر کھیل ہو رہے ہیں۔ ساتھ کی کھیلنے والیاں ساتھ کی مانگی بیاہی ہوئیں، نئی نئی ساڑیاں باندھے شوخ رنگ کے بلاؤز پہنے، کیسے کیسے طرحدار دوپٹے اوڑھے، آنکھوں کے سامنے کوئی ہنس رہی ہے کوئی دوڑ رہی ہے اور ایک یہ مصیبت کی ماری ہے کہ اپنی قسمت کو رو رہی ہے، آئیں بہت دنیا میں بہاریں عیش کی گھر گھر پڑیں پکاریں پڑے بہت باغوں میں جھولے ڈھاک بہت جنگل میں پھولے گئیں اور آئیں چاندنی راتیں برسیں کھلیں بہت برساتیں پر نہ کھلی ہرگز نہ کھلے گی وہ جو کلی مرجھائی تھی دل کی آس ہی کا یاں نام ہے دنیا جب نہ رہی یہ ہی تو رہا کیا حکم سے تیرے پر نہیں چارا کڑوی میٹھی سب ہے گوارا تجھ سے کہیں گر بھاگنا چاہیں بند ہیں چاروں کھونٹ کی راہیں تو مارے ے اور نوازے پڑی ہوں میں تیرے دروازے تجھی کو اپنا جانتی ہوں میں تجھ سے نہیں تو کس سے کہوں میں سہیلیاں زیوروں سے لدی ہوئی ہیں، کس شوق سے کس چاؤ سے ایک دوسرے کو اپنے اپنے زیور دکھائے جا رہے ہیں۔ ہاتھوں میں مہندیاں رچی ہوئی ہیں، پھولوں کے گہنے سر اور گلے کو زینت دیے ہوئے ہیں۔ نازک نازک پنڈے عطر کی خوشبوؤں سے مہک رہے ہیں، کہیں ذکر میاں کی چاہ پیار کا ہو رہا ہے، کہیں تذکرے سسرال کی نازبرداریوں کے ہو رہے ہیں، کہیں کسی پر فقرے کسے جا رہے ہیں، قہقہوں کا غل ہے، رنگ رلیاں منائی جا رہی ہیں۔ ادھر ایک بیچاری اللہ کی بندی ایسی ہے جس کے ہاتھ بھی ننگے اور کان بھی۔ جسم رنڈاپے کی سفید چادر سے چھپا ہوا اس کا بھی آخر وہی ہے، کیا اس کے دل میں کوئی ارمان نہیں رہا ہے؟ اس کا قلب امنگوں سے، حوصلوں سے، ولولوں سے خالی بنایا گیا ہے؟ کیا اس دکھیاری کا جی نہیں چاہتا

کہ کوئی اس کا بھی ناز بردار ہوتا؟ یہ بگڑتی اور کوئی مناتا، یہ فرمائشیں کرتی اور کوئی دل وجان سے انہیں پوری کر کے دیتا؟ روتی جاتی ہے اور کہتی جاتی ہے، اے میرے زور اور قدرت والے حکمت اور حکومت والے میں لونڈی تیری دکھیا ریدروازے کی تیرے بھکاریموت کی خواہاں جان کی دشمنجان پہ اپنی آپ اجیرناپنے پرائے کی دھتکاریمیکے اور سسرال پہ بھاریایک خوشی نے غم یہ دکھائے ایک ہنسی نے گل یہ کھلائے رو نہیں سکتی تنگ ہوں یاں تکاور روؤں تو روؤں کہاں تکدن بھیانک اور رات ڈرانییوں گزری ساری یہ جوانیبہنیں اور سہیلیاں میریساتھ کی تھیں جو کھیلیاں میریمل نہ سکیں جی کھول کے مجھ سے خوش نہ ہوئیں ہنس بول کے مجھ سے جب آئیں رو دھو کے گئیں وہجب گئیں بے کل ہو کے گئیں وہاگ کھلی دل کی نہ کسی پر گھل گئی جان اندر ہی اندر تہواروں کا آئے دن آنااور سب کا تہوار منانا وہ چیت اور پھاگن کی ہوائیںوہ ساون بھادوں کی گھٹائیںوہ گرمی کی چاندنی راتیںوہ ارمان بھری برساتیںکس سے کہوں کس طرح سے کاٹیںخیر کٹیں جس طور سے کاٹیںرہ گیا دے کر چاند دکھائیچاند ہوا پر عید نہ آئیرت بدلی پر ہوئی نہ برکھابادل گرجا اور مینہ نہ برساریت میں ذرے دیکھ چمکتے دوڑ پڑی میں جھیل سمجھ کے حسرت نصیب اپنے دن کو دیکھتی ہے اور آسمان کی طرف دیکھ کر رہ جاتی ہے، پھر بلک بلک کر اپنے اسی مالک و مولیٰ سے کچھ عرض کرنے لگتی ہے۔ جو کسک اس کی آواز میں ہے، وہ عابدوں اور زاہدوں کو بھی کہاں نصیب؟ عمر بھر کے مجاہدے ایک طرف، اور ایک گھڑی کی یہ شکستگی، یہ بے چارگی، یہ اپنی بندگی کا مشاہدہ دوسری طرف۔ کہتی جاتی ہے اور سننے والوں کے دل ہلائے لرزائے دیتی ہے، اے دین اور دنیا کے مالکاے راجا اور پرجا کے مالکسب پہ کھلا ہے در رحمت کابرس رہا ہے مینہ نعمت کاسب کو تیرے انعام تھے شاملمیں ہی نہ تھی انعام کے قابلاگر کچھ آتا بانٹ میں میریسب کچھ تھا سرکار میں تیریتھی

نہ کمی کچھ تیرے گھر میں نون کو ترسی میں سانجھ میں پہر دن یہ سوچتی ہوں جی میں آئی تھی میں کیوں اس نگری میں رہی اکیلی بھری سبھا میں پیاسی رہی بھری گنگا میں قسمت نے جب سے منہ موڑا آدمیوں کا ہو گیا توڑا تیرے سوا اے رحم کے بانیکون سنے یہ رام کہانیکوئی نہیں لاگو اب میرا باپ نہ بھائی ساس نہ سسرا شاعر کی تخیل آرائی نہیں ہے، واقعات لکھ رہا ہے اپنے زمانے کے۔ واقعات و مشاہدات کہتے ہیں کہ شاعر وہ ہے جو جھوٹ کو سچ بنا کر دکھائے۔ حالانکہ شاعری کا سب سے بڑا کمال واقعہ نگاری ہے، مشاہدات سے واقعات سے بڑھ کر مؤثر اور کون شئے ہو سکتی ہے، روئیے تو سب روتے ہیں گھر کے رونے نہیں دیتے جی بھر کے ہنسئے، تو ہنسنا عیب ہے ہم کو کیونکر الہی کاٹئے، غم کو مہندی میں نے لگانی چھوڑ پٹی میں نے جمانی چھوڑ یکپڑے مہینوں میں ہوں بدلتیعطر نہیں میں بھول کے ملتیسرمہ نہیں آنکھوں میں لگاتیبال نہیں برسوں گندھواتیدو دو چاند نہیں سر دھوتیاٹھواروں کنگھی نہیں ہوتیکان میں پتے ہاتھ میں کنگنپہن چکی سب جب تھی سہاگناپ کو یاں تک میں نے مٹایاپر دنیا کو صبر نہ آیاوہم نے ہے اک ایک کو گھیرا جب دیکھوتب ذکر ہے میرا ان دکھیاریوں پر جو جو ظلم ابھی ایک نسل ادھر تک عام تھے بلکہ کہیں کہیں اب بھی جاری ہیں، کس ادھیڑ سن والے کے علم میں نہیں؟ کن پرانی آنکھوں نے وہ جگر خراش منظر نہیں دیکھے ہیں؟ اس وقت کے کس کان نے وہ فریادیں نہیں سنی ہیں؟ یہ دور وہ تھا، جب کسی بیوہ کے عقد کا نام لینا ہی ہمسایہ قوم کی دیکھا دیکھی، خود مسلمانوں میں خاندان کی ناک کٹ جانے کے مرادف قرار پا چکا تھا۔ آن پر مٹ جانے والی، شرافت پر جان دینے والی، کمسن، بیوہ، اپنی عزت پر گواہ آسمان کے چھٹکے ہوئے تاروں اور گھر کے دروں، دیواروں سب کو لاتی ہے، اے امبر کے چمکتے ہوئے تارو اے گھر کے در و دیوارو! اے جانی پہچانی راتو! تنہائی کی ڈرانی راتو! ایک دن اس گندی

دنیا سے جانا ہے مالک کے آگے جب وہاں پوچھ ہو میری تیر یتم سب دیجو گواہی میر یمیں نیکی کا دم نہیں بھرتیپا کی کا دعویٰ نہیں کرتیپر یہ خدا سے ڈر کے ہوں کہتیمنہ پہ یہ آئے بن نہیں رہتیخواہ بری تھی خواہ بھلی یوں بات سے اپنی نہیں ٹلی یوں ساتھ نہ قوم اور دیس کا چھوڑا اور نہ خدا کے عہد کو توڑا اے ایمان کے رکھنے والے اے نیت کے پرکھنے والے میں نہیں رکھتی کام کسی سے چاہتی ہوں انصاف تجھی سے حکم پہ چلتی تیرے اگر یوں چین سے کرتی عمر بسر یوں لیکن ہٹ پیاروں کی یہی تھیمرضی غم خواروں کی یہی تھیاپنے بڑوں کی رت نہ چھوٹے قوم کی باندھی رسم نہ ٹوٹے جان کسی کی جائے تو جائے آن میں اپنی فرق نہ آئے تجھ پہ ہے روشن اے میرے مولیٰوقت یہ کیسا مجھ پہ پڑا تھا آن سنبھالے جان تھی جاتیجان بچائے آن تھی جاتیطے کرنے تھے سات سمندر حکم یہ تھا ہاں پانوں نہو تر جان نہ سمجھا جان کو اپنیدیا نہ جانے آن کو اپنیاے اچھے اور برے کے بھیدیکھوٹے اور کھرے کے بھیدیبھیدوں کے جاننے والے پاپ اور پن کے چھاننے والے عیب اور گن سب تجھ پہ ہیں روشنپاپ اور پن سب تجھ پہ ہیں روشنکان اور آنکھیں ہاتھ اور بازو جن پر تھا یاں مجھے قابو سب کو بدی سے میں نے بچایاسب کو خودی سے میں نے ہٹایا روک کے اور یوں تھام کے آپا میں نے یہ کاٹا اپنا رنڈاپا تو ہے مگر اس بات کا دانا میں نے کہا دل کا نہیں مانا تھا منا دل کا کام تھا میرا اور تھمانا کام تھا تیرا اپکڑے اگر تو دل کی خطا پر میں راضی ہوں تیری رضا پر اپنی تو خیر جیسی بھی گزری گزر گئی، اب دھیان ہے تو اس کا کہ اور بہت سی بہنوں پر بھی یہی وقت پڑا ہوا ہے، ان بیچاریوں کی تو مشکل کسی طرح آسان ہو، بندی اپنے چاہنے والے مالک اور مولیٰ سے کہتی ہے، اے غم خوار ہر ایک بیکس کے حامی ہر عاجز بے بس کے ہے اپنے عاجز بندوں پر پیار تیرا ماں باپ سے بڑھ کر جس نے گلی میں تجھ کو پکارا سامنے تیرے ہاتھ پسارا پھر انہ خالی اس چوکھٹ سے گیا نہ پیاسا اس پنگھٹ سے گھر

بسنے کی آس نہ رہنی ساری عمر جدائی سہنیہے وہ بلا جو سہی نہ جائے بپتا ہے جو کہی نہ جائے قدر اس کی یا تو پہچانے یا جس پر گزری ہو وہ جانے اے خاوند خداوندوں کے مالک خاوند اور بندوں کے واسطہ اپنی خداوندی کا صدقہ اپنی خداوندی کا تو یہ کسی کو داغ نہ دیجو کسی کو بے وارث مت کیجو جس دکھیا پر پڑے یہ بپتا کر اسے تو پیوند زمیں کا یا عورت کو پہلے بلالے یا دونوں کو ساتھ اٹھالے اس سوز دل سے نکلی ہوئی دعائیں کہیں رائیگاں جاسکتی تھیں؟ جہاں تک مسلمان کا تعلق ہے اس ۶۰، ۵۰، سال کے عرصہ میں ہندوستان میں رانڈوں کی بپتا تقریباً دور ہو گئی ہے اور کچھ اصلاح بڑی حد تک ہمسایہ قوم میں بھی ہو کر رہی ہے۔ خاتمہ پر واعظ شاعر نے وہی کہا ہے جو آج تک سارے واعظ اور سارے حقیقی شاعر برابر کہتے چلے آئے ہیں۔ کیسی بیوگی اور کہاں کا سہاگ، نہ اس کو قیام نہ اس کو ثبات، ساری لذتیں فانی اور سارے عیش آنی۔ کسی کی پھولوں کی سیج پر لیٹ لیٹ کر گزری تو کیا اور کسی نے کانٹوں پر لوٹ لوٹ کے کاٹی تو کیا۔ بشریت کا تقاضا تھا جو زبان پر اتنی بھی حکایت و شکایت آگئی، پیار ہو تو اسی من موہن کا جسے کبھی فنا نہیں، دل میں لگن ہو تو اسی ایک کی جس کا عہد کبھی ٹوٹنے واال نہیں، جس کی خداوندی کبھی ختم ہونے والی نہیں، بیوہ کی یہ مناجات واعظ شاعر کی وعظ گوئی اور شاعری دونوں کا نچوڑ ہے، دکھ سے یہاں کے گھبرانا کیا سکھ پہ ہے یاں کے اترانا کیا عیش کی یاں مہلت ہے نہ غم کیسب یہ نمائش ہے کوئی دم کیاآنی جانی چیز ہیں خوشیاں چلتی پھرتی چھاؤں ہیں ارماں منگنی بیاہ برات اور رخصتمیل ملاپ سہاگ اور سنگتھیں دو دن کے سب بہلاوے آگے چل کر ہیں پچتاوے ریت کی سی دیوار ہے دنیا اوچھے کا سا پیار ہے دنیا ہار کبھی اور جیت کبھی ہے اس نگری کی ریت یہی ہے خواہ ہو رانڈ اور خواہ سہاگنموت ہے سب کی جان کی دشمنایک ہے گو آج ایک سے بہتر مر گئیں جب دونوں ہیں برابر اور کوئی گر انصاف سے دیکھے مر کے

اسے نسبت نہیں اس سے عیش گئی وہ چھوڑ کے یاں کے قید گئی یہ کاٹ کے یاں سے اس کو پڑی کل اس کی گئی کلیہ گئی ہلکی وہ گئی بوجھلشاعر کا آخری پیام وہی ہے جو عارفوں کا ہمیشہ رہا ہے، یہ سوز بھی اگر کسی دل میں آگ نہ لگا سکے تو یقیناً وہ دل نہیں ہے پتھر کا ٹکڑا ہے۔ تیرے سوایاں اے مرے مولیکوئی رہاہے اور نہ رہے گا پڑی تھی سونی جب یہ نگر یا تیری ہی تھی یاں کھڑی اٹریاچاہتی ہوں اک تیری محبتاور نہیں رکھتی کوئی حاجتگھونٹ اک ایسا مجھ کو پلادے تیرے سوا جو سب کو بھلادے آئے کسی کا دھیان نہ جی میںکوئی رہے ارمان نہ جی میںدل میں لگن بس اپنی لگادے سارے غم اپنے غم میں کھپادے وہاں سے اکیلی آئی ہوں جیسیویسی ہی یاں سے جاؤں اکیلیدل نہ پھرے دنیا میں بھٹکتا کوئی رہے کانٹا نہ کھٹکتاجی سے نشاں پیاروں کا مٹادوںپیار کے منہ کو آگ لگادوںتو ہی ہو دل میں تو ہی زباں پرمار کے جاؤں لات جہاں پرپاؤں تجھے اک اک کو گنوا کر خاک میں جاؤں سب کو ملا کر یہ مناجات تو وہ ہے کہ اگر مناسب ماحول میں پڑھی جائے تو عجب نہیں جو در و دیوار بھی جھوم جھوم کر اپنی بولی میں اس پر "آمین" کہہ اٹھیں پھر انسان کا دل تو آخر انسان ہی کا دل ہے!حاشیہ (۱) انیسویں صدی عیسوی کے آخری میں لکھنؤ کا بہت مشہور و ممتاز ادابی اور ظریفانہ ہفتہ وار ظرافت اس دور میں شخصی تعریفیں و تمسخر اور کسی کو "بنانے" کی مترادف تھی۔

***

۱۱

اردو ناول نگاری اور اس کی تنقید : ایک مکالمہ

ابرار مجیب

اردو میں ناول کے تعلق سے ذہن بہت صاف نہیں ہے۔ ناول کی تکنیک پر گفتگو ای ایم فوسٹر کے میکانکی تصور سے آگے نہیں بڑھی، بات گھوم پھر کر پلاٹ، کردار، قصہ، مکالمہ وغیرہ تک پہنچ جاتی ہے۔ ٹیری ایگلٹن ناول کو ایک ایک ایسی صنف قرار دیتا ہے جو کسی بھی حتمی تعریف کی مزاحمت کرتی ہے۔

The truth is that the novel is a genre which resists exact definition.

عصری مغربی ناول نگاری سے صرف ایک مثال میلان کندیرا کی لیں تو ہمارے ناقدین کے لیے یہ یقین کرنا مشکل ہو گا کہ کسی ناول میں یادداشتیں، باقاعدہ فلسفیانہ مضمون، سوانحی بیان اور سیاسی سماجی حالات کو ایک ساتھ پرویا جاسکتا ہے۔ اپنے ناول "دا ان بیر یبل لاٹنیس آف بینگ" کی شروعات کندیرا ایک فلسفیانہ مکالمہ میں سے کرتا ہے جس میں لائٹنیس اور ویٹ کی فلسفیانہ موشگافی پر کئی صفحات سیاہ کرتا نظر آتا ہے، اس بحث سے ہمیں اندازہ نہیں ہوتا کہ یہ کوئی ناول ہے یا فلسفے کی کتاب؟ اس بحث کے بعد ہم ناول کے دو اہم کرداروں سے ملتے ہیں۔ محبت، جنس، بخار، سیاست اور سماج سے گزرتے ہوئے ہم سمجھتے ہیں کہ تاریخ کی اگر باطنی واپسی ممکن ہو تو تاریخ کی بعض سچائیوں پر

افسوس ممکن ہے، لیکن در حقیقت تاریخ کی باطنی واپسی ممکن ہی نہیں۔ اس مختصر بیان کا مقصد یہ ہے کہ اردو ناول نگاری نہ صرف یہ کہ فارم کے لحاظ سے بلکہ موضوعاتی سطح پر بھی جس میں انسانی تجربات اور آج کے بدلتے انسان، سماجی، سیاسی، فکری اور معاشی روابط کی پیچیدہ صورت گری ہونی چاہئیے، سے تہی دامن ہے۔

اس کی ایک وجہ تو یہ ہے کہ ہمارے تصور میں ناول کا اسٹریو ٹائپ اپنی جڑ جمائے بیٹھا ہے۔ دوسری وجہ ہمارے من پسند موضوعات ہیں، مثلاً مسلمانوں کی زبوں حالی، ماضی کی عظمتوں کا نوحہ، ٹوٹی حویلیاں، سونے چوبارے، بکھری بارہ دریاں، اسلامی حکومت اور اسلامی ثقافت کا غلط تصور، گنگا جمنی تہذیب کے مٹتے نقوش اور تقسیم ہند کا عظیم سانحہ۔ کسی بھی اہم اردو ناول کو اٹھالیں، اہم سے مراد جن ناولوں کی قصیدہ خوانی ہمارے ناقدین نے کی، ان میں سے کسی ایک ناول کو اٹھائیں، مثلاً چاندنی بیگم یا اداس نسلیں یا خدا کی بستی یا آگ کا دریا، ہر ناول آپ کو ایک مخصوص ذہنی رویے سے جڑا یا یوں کہیں کہ ایک غیر مرئی تار سے جڑا نظر آئے گا۔ ان ناولوں میں سب کچھ ہے، پلاٹ، کردار، قصہ، مکالمہ، زبان کے کرشمے لیکن یہ ناول ناول نگار کے وژن سے عاری ہیں۔ یہ ناول ہمیں یہ نہیں بتاتے کہ ناول نگار جس معاشرے کو پیش کر رہا ہے، جو کہ زوال آمادہ ہے، جس پر ہم نوحہ گر ہیں، ہمارا لوگ ورثہ، ہماری زبان، کلچرل نمائندگی میں ہماری اہمیت کا خاتمہ، یہ سب ہے لیکن ہم یہ نہیں جان پاتے کہ ثقافتی زوال کے ان دیکھے تار کہاں پوشیدہ ہیں، کردار کی فکر اور اس کی روح تک ہماری رسائی نہیں ہوتی، ہم اس کے منہ سے اردو تہذیب کی کلکاریاں سنتے ہیں لیکن کوئی کردار، پس منظر، حالات اس طرح بیان نہیں ہوئے کہ ہم زوال کی کسی گہری بصیرت سے دوچار ہوتے۔

اردو ناول کی عمر بہت طویل نہیں ہے، لیکن یہ اردو افسانے سے پہلے وجود میں آیا۔

۱۸۶۹ میں لکھے گئے ڈپٹی نذیر احمد کے ناول "مراۃ العروس" کو اردو کا پہلا ناول تسلیم کیا گیا ہے۔ نذیر احمد کے ناولوں میں اسلامی اخلاقیات کی تشہیر کا سارا سامان موجود ہے گو کہ وہ انگریزی سے واقف تھے اور ممکن ہے انگریزی کے بعض اچھے ناول ان کی نظر سے گزرے ہوں۔ اسی کے ساتھ ہمارے سامنے مولانا عبدالحلیم الشرر آتے ہیں۔ نیم رومانی، تصوراتی تاریخ، مسلم فاتحین کی عظمتوں کا بیان اور عشق وغیرہ۔ نوآبادیاتی عہد میں اردو ناول کی شروعات اور ناول نگاری کے دورنگوں کا سامنے آنا بذات خود ایک دلچسپ واقعہ ہے۔ ان ناولوں میں نوآبادیاتی معاشرے میں بسر کرنے والے انسانوں کے کردار نہیں ہیں۔ مثلاً "توبتہ النصوح" میں سماوی آفت جو ہیضے کی وبا کی صورت نازل ہوتی ہے انسانوں کو نگلنے لگتی ہے۔ ناول ہمیں ڈیفو کے جنرل آف پلیگ کی طرح یہ نہیں بتاتا کہ ہیضہ کے اسباب میں محکمہ حفظان صحت کی لاپرواہی ذمہ دار ہے، نہ یہ ناول کامیو کے پلیگ کی طرح کوئی سیاسی استعارہ ہے، یہ مارکیز کے ناول لو ان دا ٹائم آف کالرا کی طرح انسانی رشتوں کی نزاکت اور سربلندی سے بھی آشنا نہیں کرتا، گو کہ اس عہد میں توبتہ النصوح ایک ایسے ناول کی صورت لکھا جاسکتا تھا جس میں نوآبادتی حالات کے سیاسی اور سماجی جبر کو پیش کیا جاسکے۔

لیکن اردو ناول نگاروں کا پہلا مسئلہ مذہب اور اس کی اخلاقیات ہے، آج بھی ہمارے ناول نگار بہت ڈرے سہمے انداز میں اپنا مافی الضمیر بیان کرتے ہیں۔ بات یہ ہے کہ ڈپٹی صاحب ہوں یا مولانا صاحب دونوں کو اسلام کی عظمت بہت عزیز تھی اور ڈپٹی صاحب اپنے ناول میں ہیضہ کا مسئلہ توبہ اور پابندی شرع کے ذریعہ حل کرتے ہیں تو مولانا صاحب مسلمانوں کے تاریخی ہیرو کو سامنے لاکر عظمت کی ایک فضا قائم کرتے نظر آتے ہیں۔ معاملہ یہ ہے کہ تاریخ یا اسلام کی رومانی تاریخ، یا مسلمانوں کی نام نہاد ثقافتی برتری

کی تاریخ جس میں عظمت رفتہ کے نشانات ہیں اور مجاہدین، جاں باز مسلم ہیرو آج تک روپ بدل بدل کر ناول کے حوالے سے ہمارے سامنے آتے رہتے ہیں۔ دوسری طرف ہماری اخلاقی اقدار، خدا اور انسان کا رشتہ، جنت جہنم، بلائے سماوی وغیرہ وغیرہ ہمارے آرکی ٹائپ میں پیوست ہیں۔ ہم اپنے معاشرے کا ننگا چہرہ، عام انسانی روابط، جنسی تعلقات، سیاسی اور سماجی حالات کا فرد پر اثر، زندگی کی جزئیات کے باریک مشاہدے اور ان کو پیش کرنے کی صلاحیت سے بہت حد تک عاری ہیں۔ نعرہ، اخلاقی درس، نوحہ وغیرہ ہمارے ناول کے مرغوب موضوعات ہیں۔

نذیر احمد اور مولانا عبدالحلیم الشرر سے الگ ایک مختلف مزاج کا ناول مرزا ہادی علی رسوا کا ہے جسے اردو کا بہترین ناول ہونے کا شرف حاصل ہے۔ اس ناول میں مصنف کی ذات خود ایک کردار ہے جس کی وجہ سے مصنف کو اپنی بات کہنے کی پوری آزادی حاصل ہے۔ امراؤ جان کے حوالے سے لکھنؤ کی تہذیب کے مٹتے نقش و نگار، شعر وادب کی محفلیں، طوائفوں کی نفاست، فہم و فراست، تہذیب شائستگی، نشست و برخاست، زبان دانی کے کرشمے، نوابوں کی زندگی، عیاشی وغیرہ کو بے حد فنکارانہ انداز میں پیش کیا گیا ہے۔ یہ واقعی ایک معاشرے کے زوال کی کہانی ہے۔ لیکن یہ معاشرہ یعنی لکھنو کا کلچر بذات خود مغلوں کے زوال کے نتیجے میں وجود میں آیا۔ اس معاشرے اور اس کے حکمرانوں کی زندگی کا مقصد ہی عیش کوشی اور عیش پرستی تھا۔ اسی عیش کی محفلوں کے درمیان کہیں انسانوں کا وہ ہجوم بھی موجود ہے جو تہی دامن ہے، بھوکا، مجبور اور استحصال کا شکار۔ ہمارا ناول نگار سماج کے ایک ٹکڑے کو اپنے محدود وژن سے دیکھتا ہے، جب وہ اگلا ناول لکھتا ہے تو اسے ایک آئیڈیل کی تلاش ہوتی ہے یعنی اس معاشرے میں ایک شریف زادے کی۔ بہر حال اپنے عہد کے لحاظ سے رسوا نے آج کے بعض اچھے لکھنے والوں سے

عمدہ ناول لکھا۔

کہتے ہیں پریم چند تک آتے آتے اردو ناول حقیقت پسند ہو گیا۔ مغرب میں حقیقت پسند ناول نگاروں میں فاکنر اور ایمل زولا کو ایک خاص اہمیت حاصل ہے۔ پریم چند نے ہندوستانی دیہات، خاص طور سے مشرقی اتر پردیس کے گاؤں میں رہنے والے نچلے طبقے کی عکاسی کی ہے۔ کسی حد تک اشتراکیت سے بھی متاثر تھے لیکن ان کے ناولوں میں بھی سماجی اخلاقیات کا گہرا اثر پایا جاتا ہے۔ ژولا کے ناناکی طرح ان کے یہاں سفاک حقیقت نگاری نہیں ہے۔ البتہ افسانہ کفن میں انہوں نے سماجی حقیقت نگاری کی ایک عمدہ مثال پیش کی۔ لیکن اس افسانے میں بھی ایک دو جگہ وہ منبر پر کھڑے ہو کر سماج کی ناانصافی کے خلاف تقریر کرنے لگتے ہیں۔ تقریر آرٹ نہیں ہے، ناول نگار یا فکشن نگار کا عجز ہے، جو کام اسے اپنے کردار، پیش کردہ معاشرے، ان میں موجود روابط، واقعات سے لینا چاہیئے وہ کام ہمارا ناول نگار اپنی تقریر سے لینے کی کوشش کرتا ہے۔

مقصد انفرادی ناولوں کا جائزہ نہیں، بلکہ یہ دیکھنا ہے کہ اردو میں ناول نگاری کے اتنے سالوں بعد بھی ہم اس قابل کیوں نہ ہو سکے کہ ناول نگاری کا غیر جانبدار، کھرا اور واقعی تنقیدی جائزہ لے سکیں۔ اردو فکشن یا ناول نگاری کی تنقید کا ایک جائزہ لیں تو پتہ چلے گا کہ اس میدان میں کوئی شہسوار نہیں۔ ادھر ادھر مضامین یا یوسف سرمست کی کتاب۔ اگر کلیم الدین احمد کے ایک جملے کو لے کر میں یہ کہنے کی جراءت کروں کہ اردو ناول اور اس کی تنقید محبوب کی موہوم کمر ہے یا اقلیدس کا خیالی نقطہ ہے تو لوگ نہ صرف یہ کہ معترض ہوں گے بلکہ بہت ممکن ہے چیخ بھی پڑیں۔ معاملہ یہ ہے کہ اردو فکشن تو موجود ہے لیکن ناول نگاری کی تنقید کچھ اور ہی منظر نامہ پیش کر رہی ہے۔ ہماری تنقید آج بھی اس بحث میں الجھی ہوئی ہے کہ ناول کیا ہے؟ یہاں ہم یہ کہنے میں حق بجانب ہیں کہ

ہماری تنقید نے اردو ناول نگاری کا گہرائی اور گیرائی کے ساتھ، ہمارے فنی تصورات، معاشرتی، تاریخی اور کلچرل دروبست کے پس منظر میں پوری غیر جانبداری سے مطالعہ ہیں نہیں کیا۔ اردو ناول کی تنقید پر جب ہم غیر جانبداری سے نظر ڈالتے ہیں تو ہماری تنقید ایک ایسی سہاگن کی طرح نظر آتی ہے جس کی مانگ میں سیندور نہیں۔

اردو فکشن یا ناول نگاری کی تنقید نے خود ساختہ تصورات، کچھ مغربی خیالات کی بنیاد پر فکشن سے مطالبات کی روش قائم کی اور ناول میں موجود علاقائیت اور کلچر کے مسائل کو یکسر مسترد کر دیا۔ تنقید جب مطالبات پر اتر آتی ہے تو تخلیق کی ندی خشک ہو جاتی ہے، تخلیق کے سوتے خشک ہونے لگتے ہیں اور تنقید کی حاکمیت کو فروغ ملنے لگتا ہے۔ یہ حاکمیت تخلیقی فنکاروں کو مصاحب کے درجہ پر لے آتی ہے، جو ناقد کی سلطنت میں آداب دربار کی رسم کو نبھاتے ہوئے مسندِ تنقید کو فرشی سلام کرتا ہوا نظر آتا ہے۔ اردو میں فکشن کی تنقید نے ایسا ہی گل کھلایا۔ ہمارے یہاں ایک صنف کا موازنہ اور مقابلہ دوسری صنف سے کر کے ایک صنف ادب کو سرے سے خارج کرنے کے جارحانہ تنقیدی رویے کی مثال موجود ہے۔ یہ رویہ اگر ایک طرف فن کے جواز پر سوالیہ نشان لگاتا ہے تو دوسری طرف فنکار کے صنفی رویے اور انتخاب کی آزادی کو خارج کر دیتا ہے۔ ساری دنیا میں تنقید نے اتھارٹی کے بیانیوں اور کلامیوں سے خود کو الگ کر لیا ہے لیکن اردو تنقید ابھی تک اسی رویے کی اسیر ہے۔ اردو ناول کی کائنات ضرور پھیل رہی ہے لیکن تنقیدی جواز اور عدم جواز کی معرکہ آرائی تخلیقی جوہر کے لیے ناقابل تلافی نقصان کا باعث بنی۔ اردو تنقید کا یہ رویہ فکشن کی تھیوری پر سنجیدہ مکالمہ کا آغاز نہیں کرتا بلکہ ہر طرح کے مکالمے کے لیے کھلے منہ پر قفل لگا کر تنقید کی مطلق العنانیت کا اعلان کرتا ہے۔

اردو ناول نگاری میں نئے رجحانات کی کمی کی ایک وجہ یہ بھی ہے کہ تنقید نے عالمی

ڈسکورس پر غور وفکر کر کے اس مکالمے کو فروغ نہیں دیا کہ راوی اور بیانیہ کا رشتہ کیا ہے؟ نریشن میں نریٹر کا کیا رول ہے۔ افسانے کی حمایت میں فاروقی صاحب نے ایسے کچھ اہم سوالات قائم کئے لیکن دوستو نے ان پر سنجیدگی سے کبھی غور نہیں کیا۔ تنقید کا فکشن پر غور وفکر کا کیا طریقہ کار ہو اور وہ اپنا رول کس طرح متعین کرے اس سوال پر بھی کبھی غور نہیں کیا گیا۔ کیا ناول نگار ایک بنے بنائے سانچے کا غلام ہے؟ یا تخلیقی عمل ایک ناول نگار کو اس کے اپنے تصور فن اور زندگی کے تئیں اس کے رویے اور فکر کے آزادانہ اظہار اور ناوابستگی یا وابستگی سے ہم آہنگ ہونے کی آزادی دیتا ہے۔ گورکی کو کیا ہم اس لیے ناول نگار نہیں مانیں گے کہ وہ کمیونسٹ موومنٹ سے وابستہ تھا۔ اسی طرح کامیو کی الجیریا کی آزادی کی تحریک سے وابستگی کیا اسے بے وقعت کر دیتی ہے۔ ناول کی تنقید کا دوسرا مسئلہ ناول کے نقاد کا متنی رویہ ہے، یہاں یہ سوال پیدا ہوتا ہے کہ ناول کے بیانیہ میں نقاد اپنی مرضی یا اپنے تصورات فن اور نظریاتی تعصب یا غیر نظریاتی تعصب کی بنیادوں پر متنی سچائیوں کو تلاش کرے گا یا بیانیہ میں موجود حقیقت کا حقیقی ادراک حاصل کر کے متنی تناظر کو پیش کرے گا۔ ایک مخصوص دور میں لکھے گئے ناولوں کو ہمارے یہاں صرف اس لیے رد کر دیا گیا کہ وہ کسی ازم یا نظریے سے وابستہ فنکاروں کے تحریر کردہ تھے۔ ان متون کا ایک غیر جانبدار جائزہ اردو فکشن کی تنقید پر قرض ہے۔ آپ اپنے نظریاتی تعصبات، خواہ وہ نظریہ نظریاتی وابستگی کے رد ہی میں کیوں نہ ہو، کا فن کار کے متون پر اطلاق کر کے اسے سرے سے خارج نہیں کر سکتے۔ یہ اردو فکشن کی تنقید کا ایک کارنامہ ہے کہ اردو فکشن میں موجود نظریاتی فکر کی شناخت کر کے اسے نان آرٹ کے زمرے میں ڈال دیا۔

تنقیدی اتھارٹی کی یہ صورت فن میں نظریاتی وابستگی کو زہر ہلاہل سمجھتی ہے، خاص

طور سے ایسے نظریات جو سماجی ناہمواری اور استحصال کے خلاف ہوں۔ حقیقت یہ ہے کہ ناول کا فن یا فکشن نگاری مصنف کی سماجی شناخت اور اس کی نفسیاتی وابستگی کے بغیر کوئی شے نہیں ہے۔ بلکہ کچھ بھی نہیں ہے۔ ناول کی تنقید کے لیے اس بات کا ادراک بہت ضروری ہے۔ چوں کہ فکشن کا بیانیہ صرف حقیقت بیان نہیں کرتا بلکہ اس کی صورت بھی بدلتا رہتا ہے۔ حقیقت کی بدلتی ہوئی یہ صورت دراصل جمود توڑنے کا ایک عمل ہے۔ ہماری تنقید ناول نگار کے اس تناظر کو تسلیم کرنے سے انکار کرتی ہے یا اس بدلی ہوئی حقیقت کی شناخت سے قاصر ہے کہ ناول کا بیانیہ حقیقت کو بدل کر ایک نئی حقیقت پیدا کرتا ہے۔ فکشن کے فنکار کو بھی یہ بات سمجھنی چاہئے کہ تنقیدی مطالبات ایک ادبی لسانی سیاست ہے اور اس سے دامن بچانا ضروری ہے۔

اردو میں ناول نگاری کی مبہم فضا اور تنقیدی رویے پر مزید گفتگو ممکن ہے، آیئے یہ دیکھتے ہیں کہ ڈپٹی نذیر احمد، مولانا شرر، ہادی علی رسوا، منشی سجاد حسین، اس کے بعد پریم چند وغیرہ کے بعد اردو ناول نگاری ادب کی مرکزی بحث سے باہر نظر آتی ہے۔ آج بھی اردو ناول نگاری پر جب گفتگو ہوتی ہے تو ہمارا ناقد قرۃ العین حیدر تک پہنچتے پہنچتے ہانپنے لگتا ہے۔ یہاں سے پھر ایک خلا نظر آنے لگتا ہے۔ پتہ نہیں لوگ انور سجاد کے ناول خوشیو کا باغ اور صلاح الدین پرویز کے ناول نمرتا پر گفتگو کرنے سے کیوں گریز کرتے ہیں، بہر حال یہ سوچنا غلط ہے کہ حیدر کے بعد ناول نگاروں کا قلم زنگ آلود ہو گیا یا نئے ناول نگار ابھر کر سامنے نہیں آئے۔ لیکن کیا وجہ ہے کہ حیدر کے بعد لکھے گئے ناولوں پر گفتگو نہیں ہوئی۔ یہاں ہم یہ نتیجہ نکالنے میں حق بجانب ہیں کہ اردو ناول نگاری اپنی رفتار سے جاری ہے لیکن ناول کے مطالعے کے لیے ہمارے ناقدین کے پاس وقت نہیں۔ حیدر کے بعد اردو میں ناول نگاری کی اہم آوازوں کو نظر انداز کیا جانا ایک سانحہ ہے۔ حیدر کے بعد

لکھنے والوں کی ایک لمبی قطار ہے، ان میں بلاشبہ چند ایک نے عمدہ ناول بھی لکھے ہیں۔ ہندوستانی ناول نگاروں میں الیاس احمد گدی، شفق، پیغام آفاقی، جیلانی بانو، ذکیہ مشہدی، شموئل احمد، حسین الحق، عبد الصمد، مشرف عالم ذوقی، رحمٰن عباس، ترنم ریاض، شائستہ فاخری، صادقہ نواب سحر، ثروت خان، پاکستان میں مرزا اطہر بیگ، محمد حامد سراج، نثار بٹ، کاشف رضا، رفاقت حیات، علی اکبر ناطق، الطاف فاطمہ وغیرہ اہم نام ہیں۔

چند اہم ہندوستانی ناولوں کا ذکر کیا جائے تو شمس الرحمن فاروقی کا کئی چاند تھے سر آسماں، انیس اشفاق کا خواب سراب، پیغام آفاقی کا مکان، شموئل احمد کا ناول ندی، حسین الحق کا فرات، عبد الصمد کا دو گز زمین، گیان سنگھ شاطر کا ناول گیان سنگھ شاطر، الیاس احمد گدی کا کا فائر ایریا، مشرف عالم ذوقی کا لے سانس بھی آہستہ، رحمٰن عباس کا روحزن، ترنم ریاض کا برف آشنا پرندے، صادقہ سحر نواب کا کوئی کہانی سناؤ متاشا، سید محمد اشرف کا آخری سواریاں خاص اہمیت کے حامل ہیں۔ ان ناولوں میں کلچرل ڈسکورس، نفسیاتی دروں بینی اور زندگی کو اس طرح دیکھنے کا عمل ملتا ہے اور زندگی کو اس طرح دیکھنے کا عمل ملتا ہے کہ حقیقت ایک حیرت کا انکشاف بن جاتی ہے۔ آج کی ناول نگاری میں حقیقت کا وہ عمل نہیں ہے جو مثال کے طور پر ترقی پسند ادب کا شیوہ رہا ہے، نہ ہی ان ناولوں میں قرۃ العین حیدر کے ماضی کا ناسٹلجیا ہے۔ ان ناولوں کی قراءت سے انکشاف ہوتا ہے کہ حقیقت اور طلسم کے درمیان کوئی خط فاصل کھینچنا ممکن ہی نہیں۔ ہم ایک ایسے عہد میں سانس لے رہے ہیں جہاں حقیقت کو دوام نہیں۔ نہ صرف حقیقت بلکہ اقدار کی صورت بھی ہر پل مختلف ہو جاتی ہے۔

جادوئی حقیقت نگاری کا بڑا چرچا رہا لیکن مارکیز کی جادوئی حقیقت نگاری اپنی روایت، اساطیری کہانیوں سے معنویت تلاش کرتی ہے، کسی حد تک یہ کام ہمارے یہاں انتظار

حسین نے کیا ہے۔ مارکیز کے یہاں تہذیب کی رگوں میں دوڑتی ہوئی پر اسرار رسومیات حقیقت کو گہری بصیرت عطا کرتی ہے۔ اردو کا ناول نگار مذہبی اساطیر، رسومیات یا اساطیری قصوں سے معنویت تلاش نہیں کرتا۔ یہ ایک واضح فرق ہے اور بہت حد تک اردو مزاج اور اس کی فکری جڑوں سے وابستہ ہے، اردو کا ناول نگار آج حقیقت کو یا حقیقت کے پل پل بدلتے رنگوں کو دیکھ کر ایک سحر میں مبتلا ہے۔ ہمارے ناولوں میں گائے بولتی ہے اور لوگ مر جاتے ہیں۔ یعنی ہمارے فکشن میں حقیقت بذات خود جادو کا روپ دھارن کر لیتی ہے۔ ہمارے یہاں جادوئی حقیقت نگاری کا عہد نہیں حقیقی جادو سازی کا عہد ہے،

سامری کا طلسم قائم ہے
چند آزاد ہیں اسیر کئی

***

۱۲

اردو لسانیات

دتاتریہ کیفی

زبان اصل میں انسان کے تعینات یا اداروں میں سے ہے۔ وہ ان کی معمول ہے جن کی کاربر آری اس سے ہوتی ہے۔ وہی اس کے محافظ و مختار ہیں۔ انہیں نے عوارض اور ضروریات کے مطابق اس کو اپنے ڈھب کا بنایا ہے۔ ہمیشہ ہر کہیں ایسا ہی ہوتا ہے۔ زبان کا ہر جزو ترکیبی مسلسل تغیرات کا ماحصل ہے، جو اہالیان زبان کے ارادے اور رغبت سے عمل پذیر ہوا۔ یہ لوگ تاریخی عوارض، انسانی فطرت اور داعیے کے تہیج سے متاثر تھے جن کے نشانات ہماری نظر میں صاف نمایاں ہیں، اور یہی زبان کو سائنٹفک تحقیق و تفحص کا شایاں موضوع قرار دیتے ہیں۔ انہیں امتیازی اعتبارات سے مطالعہ زبان کی نوعیت کا، مثل تاریخ و اخلاقیات کے تعین ہوتا ہے۔

زبان انسانی تہذیب اور نوع انسان کی تاریخ کا ایک شعبہ ہے۔ زبان متعدد علوم سے استعانت کرتی ہے لیکن باوجود اس کے انسان کا ذہن افکار کے اظہار کی تلاش اور چھان بین میں زبان کی ترقی و دخل معضلات اور روابط و نتائج کے درمیان ایک قسم کی حد وسطیٰ ہے۔ تاریخ کی مانند زبان کی بھی تحلیل عامیہ مثل کیمیا اور طبعیات کے ایک معمول میں ناممکن ہے۔ اس کی وجہ یہ ہے کہ معمل میں اسی شے کا دخل ممکن ہے جو امر واقعہ ہو

اور قانون قدرت کے کلیہ کے تحت جگہ پا سکے۔ زبان امر واقعہ تو ہے مگر بہ تقاضائے نوعیت ہمیشہ معرض تغیر میں ہے اور یہی مابہ الامتیاز لسانیات کو دوسرے علوم سے حاصل ہے۔ لسانیات کے باب میں تحلیل و تجزیے کی وہ اصول عہدہ بر آنہیں ہو سکتے جو طبعیات و مادیات پر حاوی ہیں۔ زبان سالمات یا سالبات کے قدغن سے مبرا ہے۔ ہاں علما کوشش میں ہیں کہ زبان کو سائنس۔۔۔ کہئے علم نفسیات و صوتیات کے تحت لائیں۔ اس ضمن میں یہ کہنا بے محل نہ ہو گا کہ اول الذکر جیسا کہ اس وقت ہے، ضرور یہ شان رکھتا ہے کہ لسانیاتی مسائل پر اس کے خاص نظریوں کی روشنی میں فکر کی جائے۔ یہ امر متقدمین اردو کے ذہن نشین تھا۔ اہالیان اردو نے زبان کی طرف سے علمی تخیل کو کبھی طلاق نہیں دی۔ افعال کے صیغوں کی تنظیم، سائنٹفک اصول پر صفت و موصوف اور مضاف، مضاف الیہ کی تقدیم و تاخیر کا آئین، حروف جار کی معنوی حیثیت کی تعیین، اسلوب اور زبان کی داخلی استعداد کے مطابق مرکبات کی توضیع، تارید کے موقعوں پر تصرف کا مستحسن استعمال، محاورے کی سلاست اور منطقی تدوین، ضرب الامثال کی عمومیت، کلیت اور قوت تالیف، اور تعقید و اضمار قبل الذکر کی معائب انشا میں شمولیت وغیرہ وہ امر ہیں جو عہد قدیم و متوسط میں اہالیان اردو کے حسن شعور اور سلیقہ تنظیم کی ہزار زبان سے داد دیتے ہیں۔ ان میں سے بعض امور جستہ جستہ آپ کی توجہ کے لئے پیش کئے جائیں گے۔ خدا معلوم وہ دن اردو زبان کے حق میں کتنا اہم اور نتیجہ خیز تھا جب حضرت شاہ سعد اللہ گلشن نے شمس الدین ولی کو ہدایت کی، "ایں ہمہ مضامین فارسی کہ بیکار افتادہ اندور یختہ بہ کار ببر۔ از تو کہ محاسبہ خواہد گرفت۔" ترجمہ، "یہ اتنے سارے فارسی کے مضمون جو بیکار پڑے ہوئے ہیں، ان کو اپنے ریختے میں میں استعمال کر، کون تجھ سے جائزہ لے گا۔" استاد کی ہدایت کی تعمیل میں وہ مضمون تو شاگرد رشید نے اٹھا لیے، جن کی

بدولت اس کے کلام کو شہرت دوام کا تمغہ نصیب ہوا، مگر زبان اس نے شاہ جہاں آباد کی اردوئے معلی ہی رکھی۔ شاہ صاحب کا عندیہ یہ تھا کہ ولی دکنیت کو ترک کر کے اردو زبان کو ایران کی نظر گفتاری، تشبیہ و استعارہ وغیرہ محاسن کلام یا اصناف شعری سے متمول کرے۔ انہیں کیا خبر تھی کہ تین صدی بعد ایسا زمانہ آئے گا کہ اس مفید مشورے کے الٹے معنی لئے جائیں گے اور چند حروف جار اور امدادی افعال وغیرہ کے سوا اردو کلمے کلام سے خارج کر دیے جائیں گے۔ اردو نے قدیم اور متوسط زبانوں میں کیا لسانی ترقی کی، اس اعتبار سے اب اس کی کیا حالت ہے اس کا مجمل تذکرہ آج کیا جائے گا۔ تحقیق اس امر کی منظور ہے کہ عہد حاضر میں اردو لسانیاتی اعتبار سے کس درجہ کو پہنچی ہے اور یہ کہ وہ حالت اطمینان کے قابل ہے یا نہیں؟ یہ تحقیق نہ صرف اس یا اس جماعت بلکہ ہر شخص کا فرض ہے جو اردو کو اپنی زبان کہنے کا دعویٰ کرتا ہے۔ زبان کے ترکیبی فعلوں میں سے یہاں صرف دو کا ذکر کیا جائے گا یعنی اختراعی یا ابداعی استعداد اور اخذ کی قابلیت۔ یہی دو علامتیں ایک زبان کے سرجیون ہونے کی ہے۔ یہ قابلیت اور استعداد جب کسی زبان میں زائل ہو جاتی ہے تو اس کی ترقی کا راستہ مسدود ہو جاتا ہے۔ اور اسباب بھی ہیں جو زبانوں کی ترقی بلکہ زندگی کے مزاحم ہوتے ہیں، جیسے راوج و پسند عام کو قطعاً نظر انداز کر دینا اور زبان سے متعلق ہر امر کو سائنٹفک تنقیح قرار دے کر قاعدے کے قیود و تعینات میں جکڑ بند کر دینا جیسا کہ سنسکرت کے ساتھ ویاکرنیوں نے کیا۔ میں مانتا ہوں کہ قاعدے اور آئین کی ضرورت مسلم ہے لیکن اس کا استبداد اور باون تولے پاؤرتی جیسے یقینات عامہ کو حکم ناطق زبان کی شبابیات اور اپج کا دشمن ہے۔ یہ یاد رکھنا چاہئے کہ اختراع بغیر حسن شعور اور ذوق سلیم کے اور اخذ بغیر تصرف حسنہ کے ممکن نہیں۔ اردو کی موجودہ حالت دیکھ کر شبہ ہوتا ہے کہ کہیں وہ بے چاری اس مقام کے قریب تو نہیں پہنچ رہی ہے

جس کی طرف ابھی اشارہ کیا گیا ہے۔ اگر ہم انانیت اور بر خود غلط ہونے سے دور ہٹ کر نظر غائر سے کام لیں تو خوف ہے کہ شبہ یقین کے قریب پہنچ جائے گا۔ لسانیات اور ادبیات یا کہئے کہ زبان اور لٹریچر میں جو امتیاز ہے اس کی تصریح کی ضرورت نہیں۔ مختصر یہ کہ یہ امر تمام اردو دنیا کا دل بڑھانے اور امید دلانے والا ہے کہ جامعہ عثمانیہ حیدر آباد کے دارالترجمہ کا تتمہ نہیں یعنی کسی خط تواناں کا ورق ثانی نہیں بلکہ زبان کی ترقی و اصلاح بھی اس کے مقاصد میں ہیں۔ آج کا موضوع محض اس غرض سے انتخاب کیا گیا کہ جامعہ کے معزز اراکین اور اصحاب حل و عقد اور دوسرے ادیب اور نکتہ رس اصحاب جو اس صحبت میں تشریف رکھتے ہیں، ان کی توجہ اس طرف منعطف کی جائے، یعنی اردو کی لسانیاتی حالت کی جانب، تا کہ وہ بزرگ اس کیفیت و کمیت کا موازنہ کریں۔ اس لحاظ سے شاید ہندی بھی اسی ضغطے میں ہے جس میں اردو ہے لیکن میر اروئے سخن اردو کی طرف ہے۔ عرض کیا گیا ہے کہ جب کوئی زبان اختراع و اخذ کے بارے میں قوت فعل سے عاری ہو جاتی ہے تو ارتقا کی شاہراہ سے بھٹک جاتی ہے۔ اگر ابھی سے روک تھام نہ کی گئی تو خوف ہے کہ اب سے دوری موذی مرض کہیں لا علاج نہ بن جائے۔ پہلے اس کا جائزہ لیا جائے گا کہ اردو کی لسانی ترقی سے متعلق متقدمین اور متوسطین نے کیا کچھ کیا اور پھر بتایا جائے گا کہ ان کے متعاقبین اور عہد حاضر کے کارنامے کیا ہیں لیکن یہ سب امور ایک واحد لکچر میں احاطہ نہیں ہوسکتے۔ جو کچھ کہا جائے گا بالاجمال ہو گا۔ متقدمین کرام کو جس وقت یہ چیٹک لگی کہ اردو یا ریختہ کو منظم کریں، تو ان کے سامنے کوئی مکمل دیسی ہندوستانی نمونہ موجود نہ تھا۔ اس وقت کی ہندی یا برج بھاشا سورسینی یا پراکرت کو آج کل کے لسانیاتی معیار اور اصول کے متبع مکمل نہیں کہا جا سکتا۔ کیونکہ اگر کسی میں اعلیٰ نظم موجود تھی تو نثر مفقود اور کسی میں نثر تھی تو نظم مہتم بالشان ندارد تھی۔ اس لئے تحقیق

اس نتیجہ پر پہنچی ہے کہ "ہند ایرانی" مسالے سے جو بت تیار ہوا تھا اس کی پوشاک توہندوستانی رہی لیکن اس کے لے زیور کچھ ہندستان اوراور زیادہ تر ایران کا استعمال کیا گیا۔ یہ آپ جانتے ہیں، زیور کس قدر پیارااور سہانا ہوتا ہے۔ اردو زبان کی تدوین وتزئین کے بہت سے اصول اور طریقے بتائے گئے ہیں لیکن جو گر سید انشا مرحوم نے دریافت کیا، فلسفہ زبان کا سر تاج ہے اور رہے گا۔ جب تک کہ اردو زندہ ہے۔ آپ فرماتے ہیں، "مخفی نماند کہ ہر لفظے کہ در اردو مشہور شد، عربی باشد یافارسی یاترکی یاسریانی یاپنجابی یاپوربی، از روے اصل غلط باشد یا صحیح، آن لفظ لفظ اردو است۔ اگر موافق اصل مستعمل است ہم صحیح، وگر خلاف اصل است ہم صحیح۔ صحت و غلطی آن موقف بر استعمال پذیر فتن در اردو است۔ زیرا کہ ہر چہ خلاف اردو است، غلط است، گو در اصل صحیح باشد و ہر چہ موافق اردوست، صحیح باشد، گو در اصل صحت نہ داشتہ باشد۔"ترجمہ یادرکھنا چاہئے کہ ہر لفظ جو اردو میں مشہور ہو گیا، اردو ہو گیاخواہ وہ عربی یافارسی ترکی ہو یا سریانی، پنجابی ہو یا پوربی، از روے اصل غلط ہو یا صحیح، وہ لفظ اردو کا لفظ ہے۔ اگر اصل کے مطابق ہے تو بھی صحیح ہے اور اگر اصل کے خلاف مستعمل ہے تو بھی صحیح ہے۔ اس کی صحت اور غلطی اردو میں اس کے استعمال میں آنے پر منحصر ہے کیونکہ جو اردو کے خلاف ہے، غلط ہے خواہ وہ اصل زبان میں صحیح ہو۔ اور جو اردو کے موافق ہے صحیح ہے خواہ وہ اصل میں صحیح نہ بھی ہو۔"سید مبرور نے ان چند فقروں میں تہذیب لسان کے ضابطے کالب لباب پیش کر دیا ہے۔ اسی اصول پر اردو بنی اور پروان چڑھی۔ اسلاف کا دستور العمل یہی تھا۔ یہ تصرفات اردو جن کو میں ایک لفظ "تارید" سے تعبیر کروں گا، تفریس وتعریب سے زیادہ اہمیت رکھتے ہیں اور رکھیں گے جب تک اردو زندہ اور چالو زبان ہے کیونکہ اول تو وہ عربی یا سنسکرت کی طرح صرف زبان نہیں اور دوسرے یہ کہ اس کی بنیاد ہی کاٹ چھانٹ اور

تصرف ہے۔ اس سے بحث نہیں کہ آیا زبان کی ساخت کا یہ گر اردو والوں نے ہندی سے سیکھا جس کا بہت امور میں سنسکرت سے انحراف بدیہی ہے۔ بہر حال کامل تحقیق اب اس نتیجے پر پہنچی ہے کہ دسویں صدی کے قریب سورسینی اپ بھرنش سے مغربی ہندی نکلی جس کے میل سے دو آبہ گنجم امیں ایک نئی زبان پیدا ہوئی۔ اسے مستشرق اور لسان ہندوستانی کہتے ہیں۔ پھر اس کی دو شاخیں ہو گئیں جس کی وجہ اول اول رسم الخط تھی۔ یہ دو شاخیں آپ کی ہندی اور اردو ہیں۔ زبان کی تاریخی روداد کے اس مجمل حوالے سے میرا مطلب یہ ظاہر کر دینا ہے کہ جو دعویٰ ہم اردو کے بارے میں کرتے ہیں، بہت ممکن بلکہ اغلب ہے کہ اس میں ہندی والوں کا بھی حصہ شریک ہے، کیونکہ یہ امر ثبوت اور استدلال کا محتاج نہیں کہ جب تک ہندوستانی دو شاخوں میں منقسم ہو کر جداگانہ ضبط تحریر میں نہ آئی، سب برابر کام کرتے رہے اور اسے بناتے رہے۔ اس سلسلہ میں پہلے اسموں کو لیا جائے گا۔ اردو دانوں نے نہ صرف یہ کیا کہ الخالُق کو الخالَق (پوشاک کی چیز جیسے اچکن) جاجُم کو جاجَم اور موسِم کو موسَم بنالیا، بلکہ بہت سے عربی الفاظ کی جنسیت بھی بدل دی۔ فارسی خوش نصیب تھی کہ اس نے یہ بکھیڑا پالا ہی نہیں۔ مثلاً شمس جو عربی میں مؤنث تھا اردو میں مذکر ٹھہرا۔ آپ کہیں گے کہ یہ مداخلت بیجا کیوں، یہ تو سخت لسانی بدعت ہے؟ میں کہتا ہوں اس لغت کے لئے ان کے پاس صرف دو متبادل طریق عمل تھے۔ یا تو وہ اس لفظ کو لیتے ہی نہیں اور لیتے تو اس کے مترادف لغت ہندی کی جنسیت کا اتباع لابد تھا، جس کو نظر انداز نہیں کیا جا سکتا یعنی سورج۔ یہاں یہ بتانا بے محل نہ ہو گا کہ غیر زبان کے اسموں کی تذکیر و تانیث سے متعلق ان کا نظریہ یہ تھا کہ ان کو دیسی مرادف اسموں کی جنس کا متبع کرتے تھے۔ مدتوں اہل اردو اسی دستور پر چلتے رہے اور جو محتاط ہیں اور ذوق سلیم رکھتے ہیں، اب بھی اس پر عامل ہیں۔ انہوں نے مُندیل کو مَندیل، جادّہ (بروزن

مادّہ) کو جادہ، تُوَشک (بجز فوقانی سب حرف ساکن) کو توشک اور بغچہ (غین معجمہ کو) بقچہ کر دیا، قِس علی ہذا۔ میں جلدی سے یہ بتا دینا چاہتا ہوں کہ ان اور بیسیوں دوسرے الفاظ میں تصرف کی معقولیت اور وجاہت کے حق میں زبر دست دلائل پیش ہو سکتے ہیں، جس کا یہ موقع نہیں۔ تصرف کا عمل الفاظ فارسی و عربی کی صوتی حیثیت یعنی تلفظ اور جنسیت تک ہی محدود نہیں رہا، بلکہ اصل معنوں میں بھی تصرف کئے گئے۔ تحفہ سوغات کے معنی رکھتا تھا لیکن وہ اچھے، سجل اور تازے کے معنے میں بھی استعمال ہونے لگا۔ وہ زمانہ بیسویں صدی عیسوی کا زمانہ تھا کہ بات بات میں ملی نچ نکالی جاتی۔ ان لوگوں کے نزدیک ہندو مسلمان اور ان کے مذہب یا مذہبی روایتیں اور اصطلاحیں یکساں تھیں۔ انہوں نے اپنی زبان کو بنانے اور سنوارنے کا عزم کیا تھا، شدھی یا تبلیغ کا نہیں۔ ان کا قول و فعل تھا، عیسیٰ بدین خود و موسیٰ بدین خود۔ خیر قرآن کا جامہ پہننا اور گنگا اٹھانا تو رہا ایک طرف، انہوں نے صلوۃ جیسے لغت کے معنٰی میں جو جناب رسالت مآبؐ کی مقدس ذات سے مخصوص ہو چکا تھا، تصرف کیا۔ اگرچہ اتنا پاس ادب ضرور رہا کہ اسے محض صیغہ جمع تک محدود رکھا۔ میر تقی میر مغفور فرماتے ہیں؛ پڑھتا تھا میں تو سبحہ لئے ہاتھ میں درود صلواتیں مجھ کو آکے وہ ناحق سنا گیا انہوں نے گنگا کو الٹا کر پھر شوجی کی جٹاؤں میں پہنچا دیا۔ منشی اسیر کا شعر ہے، ہم تو پیاسے رہے، مے غیر کو دی، پیر مغاں الٹی اس شہر میں بہتی ہوئی گنگا دیکھیا صل میں تھا "لا الی الذین و لا الی الذین"، یعنی نہ ان میں سے نہ ان میں سے۔ اس سے بنالیا اِللذی نہ اُللذی بمعنی مذبذب، ڈانواڈول، چنانچہ سید رضی نے کہا، نہ تو عاشقوں ہی میں جا ملی، نہ وہ فاسقوں سے بنی رہیتری وہ مثل ہے اب اے رضی کہ اِللذی نہ اُللذیکلمہ مقدس لن ترانی کی شان ورود تشریح کی محتاج نہیں۔ اس کے معنی قرار پائے خود ستائی، انانیت، شیخی وغیرہ۔ شیخ ناسخ نے فرمایا۔ لن ترانی سنتے ہیں، دیدار سے محروم ہیں یعنی اس حیرت

کدہ میں کورہیں ہم کر نہیں ٹھاکروں کی پوجا میں سب سے پہلے گنیش کی پوجا کی جاتی ہے، مگر وہ بھی تصرف واختراع کی زد سے نہ بچ سکے "گوبر گنیش" کا مرکب آپ کے روزمرہ اور لغات میں موجود ہے۔ سامعین کرام! اور بگلا بھگت اور ولی کھنگر کی طرف توجہ فرمایئے، کیا برابر کی جوڑ ہے! شوق قدوائی مرحوم نے فرمایا، کھویا انہیں شوق کیمیا نے اے شو قلوٹا انہیں جھوٹے فقرا نے اے شوقکاہل نہیں ایک اور ولی کھنگر لا کھبس دور کے ڈھول ہیں سہانے اے شو قرام کہانی ہندوؤں کے ہاں رام چندر جی کی کتھا کو کہتے تھے، اردو دانوں نے اس کے معنی میں تصرف کر کے اس طرح استعمال کیا، جرأت مرحوم کا ارشاد ملاحظہ ہو۔ درد دل اس بت بیدرد سے کہئے تو کہے جا کے یہ رام کہانی تو سنا اور کہیں کھٹ سنسکرت میں چھ کا نام ہے۔ کھٹراگ کے لغوی واصطلاحی معنی ہیں، چھ راگ۔ یہ مرکب ان چھ مول راگوں کے لئے استعمال ہوتا ہے جن سے بہت سی راگنیاں نکلی ہیں۔ مگر اردو میں اس کے معنی کی لے اور سر کیا، ٹھاٹھ ہی بدل دیا۔ صبا کا شعر ہے، پڑے ہیں عشق کے کھٹراگ ہیں ہم اے مطربکسے خیال ہے دھرپد، ترانے تروٹ کا مرکب اسموں کے سلسلے میں ایک اور لفظ کا ذکر کیا جائے گا، وہ ہے 'کٹ بدیا۔' اس کے معنی آپ جانتے ہیں، مار پیٹ، زدوکوب، یہ وہ بدیا ہے جو بے سکھائے پڑھائے آتی ہے۔ مبادا آپ سنتے سنتے اکتا جائیں اس لئے اب اس سلسلے کو ختم کرتا ہوں۔ میں نے کئی سو لفظوں کا ایک نقشہ مرتب کیا ہے جن میں اسم بھی ہیں اور افعال وضمائر وغیرہ بھی۔ اس کے چھ خانے رکھے ہیں (۱) اردو (۲) ہندی (۳) پنجابی (۴) اپ بھرنش (۵) پراکرت اور (۶) سنسکرت۔ اس موقع پر سارا نقشہ تو پیش کرنا تو طول عمل ہے، نمونے کے طور پر پانچ چھ لفظ عرض کئے جائیں گے جو اردو والوں کے اخذ وتصرف کے سلیقے کا بین ثبوت پیش کرتے ہیں۔ اردو ہند پنجابی اپ بھرنش پراکرت سنسکر تچھانو چھئیاں چھاں چھاؤ چھا آ چھایا بکا بانکا ویگاو

نگگوٗ و کوّ و کر کڈھیٹ ڈھیٹھ ڈھیٹھ ڈھٹھو ڈھٹھو دھر شٹّپچ سانچچّ سچّ سُچمسیتمکویل کوئل کولکویل کویلا کوکلادکھادیکھا ڈٹھاڈٹھوڈٹّھ دِرشٹحفظ مراتب کی نظر اور ادبی رواداری ملاحظہ فرمایئے۔ ایک لفظ کو مفرد حالت میں تو اپنی ڈھب کا بنالیا مگر مرکب حالت میں اس کی اصلی ہئیت کو ہاتھ نہ لگایا۔ مثلاً سانچ کو بدل کر سچ کرلیا لیکن "سانچ کو آنچ نہیں" اس میں سانچ ہی رہنے دیا۔ اسی طرح ہست سے بتدریج "ہتھ" بنا، جب ہمارے ہتھے چڑھا، تو ہم نے اس کو ہاتھ بنالیا لیکن مرکبات میں اس کی وہی سورسینی شکل قائم رکھی۔ جیسے ہتھ، چھٹ، ہتھ پھیری، ہتھ پھول، ہتھ کنڈا۔ پھلم سے پھول بنا، مگر مرکب پھلجھڑی اور پھلکاری میں اصل شکل قائم رکھی۔ اسی طرح سووسینی "نک" میں ایزاد کرکے "ناک" تو بنالیا لیکن نکٹوڑا، نکٹا میں اس کی ہیئت کذائی قائم رکھی۔ قدما اور متوسطین کہ نکتہ رسی اور معنی آفرینی کی کہاں تک داد دی جائے! ایک معمولی لفظ "خوف" کو لیجئے، اس کے کتنے مترادف الفاظ وضع یا اختراع کئے یا تصرف سے کام میں لائے اور ان کو وہ معنی پہنائے کہ نفسیات کا ماہر دنگ رہ جاتا ہے، ملاحظہ ہو۔ دبدا، جھجک، بھچک۔ سٹنسا، کھٹکا۔ دھڑکا، سہم، سناٹا، دھچکا، ڈر۔ سب کلمے خوف کے مختلف درجوں کو واضح کرتے ہیں اور پکار کر کہہ رہے ہیں کہ ہماری زبان کا دامن کتنا فراخ ہے۔ مرکبات کو دیکھئے۔ 'مرتکا' سے ادل بدل ہوتے ہوئے ماٹی بنا۔ اس بھاشا کی ماٹی کو انہوں نے مٹی بنالیا اور اس سے نہایت اہم مرکب توصیفی تیار کیا یعنی مٹیالا۔ میرے خیال میں یہ مرکب سنسکرت کی سندھی کے قاعدے پر بنا ہے۔ بے محل نہ ہوگا اگر گریمر کی اس اصطلاح سندھی کی نسبت یہاں دو لفظ کہہ دیے جائیں۔ جب ایک لفظ ایسے حرف پر ختم ہو کہ اس کی آواز متعاقب لفظ کے اول حرف کی آواز کے ساتھ آسانی سے پیدا نہ کی جاسکے، تو ان حروف میں سے ایک حرف کو کبھی کسی کبھی کسی حرف سے بدل دیتے ہیں۔ یا کہیے کہ ایک حرف کو حذف کرکے اس کی جگہ ایک

نیا حرف ایزاد کر دیتے ہیں۔ سنسکرت کا اصلی فقرہ تھا، "ودھی آنے۔" چونکہ ای اور آ دونوں کی آواز یکے بعد دیگرے آسانی سے ادا نہیں ہو سکتی تھی اس واسطے اس کا "ودھیا نے" بن گیا۔ اسی طرح، "روی آتی تیکشنو بھوتی" میں اتی کے الف کو رسے بدلا اور "روی رتی" بنا دیا۔ آپ نے دیکھا اب جس کو ہمارے ہاں تنافر حرف کہتے ہیں، رفع ہو گیا۔ سنسکرت میں یہ قاعدہ یعنی سندھی کا قاعدہ مہتم بالشان حیثیت رکھتا ہے۔ میری تحقیقات میں اکثر انڈو یوروپین یعنی آریائی زبانیں اس پر کم و بیش عمل پیرا ہیں۔ فارسی کو لیجئے۔ بندہ اور مژہ کی جمع الف نون سے بنانی تھی۔ دیکھا کہ ہائے مختفی کے ساتھ الف کا میل نہیں، چنانچہ بندہ ان کے بدلے بندگان اور مژہ ان کے بدلے مژگان بنایا یعنی ہائے مختفی کو گ سے بدل دیا۔ یہ دقت اور سندھی کے اصول کی پابندی کی ضرورت وہیں آکر پڑتی ہے جہاں دونوں طرف حرف علت ہوں، یا ایک طرف ہائے مختفی اور دوسری طرف حرف علت یا وسرگ۔ ایک خاص فقرے کے تلفظ پر آرنلڈ بنٹ کا غصہ سراسر بے محل تھا جب اس نے اسٹ انڈ کے ایکٹروں کی زبان سے سنا، سوڈار ینڈ ملک۔ وہ سمجھا کہ "سوڈا اینڈ ملک" کی مٹی خراب کی ہے جاہل ایکٹروں نے۔ مگر مغربی لندن کے جاہل ایکٹر نا دانستہ پاننی کا اتباع کر رہے تھے، جس نے "روی اتی" کو "روی رتی" بنا دیا۔ وضع کرنے والے نے کیوں نہ سوچا کہ دو الف پیہم آواز نہیں دے سکیں گے۔ لوگوں کو اس ترکیب کی غیر فطری ادا کا احساس ہوا اور اب وہ اور تو کچھ نہ کر سکے "ملک اینڈ سوڈا" اور "وھسکی اینڈ سوڈا" بولنے لگے۔ اس ضمن میں ایک مثال انگریزی زبان سے اور پیش کی جائے گی۔ یہاں اسی سندھی کے اصول کو قاعدے کی حیثیت حاصل ہو گئی ہے۔ انگریزی گریمر کا یہ مسلمہ قاعدہ ہے کہ جو لفظ حرف علت سے شروع ہو، اس کے پہلے اے A بمعنی ایک نہیں لاتے بلکہ این An لاتے ہیں۔ اے بک، تو ٹھیک لیکن اے ایکٹ غلط، کیونکہ دو الف کی

آواز ایک ساتھ نکالنا آلات نطق کے بس کا روگ نہ تھا اس لئے N یا نون بڑھا کر A کا این بنانا پڑا۔ عجمی جب عربی زبان کے قاعدے باندھنے بیٹھے، تو ان کا ذہن سندھی کے اس اصول سے متاثر تھا۔ اسی وجہ سے انہوں نے فصاحت سے متعلق تنافر حروف پر بہت زور دیا لیکن چونکہ عربی ان کی مادری زبان نہ تھی اور سامی حروف کی صحیح آواز پیدا کرنے سے ان کے آلات نطق عاری تھے، نتیجہ یہ ہوا کہ جہاں تنافر حروف نہ تھا، وہاں بھی انگلی رکھ گئے۔ سب جانتے ہیں کہ ہائے ہوّز اور حائے حطی کی آوازیں جدا جدا ہیں۔ لیکن غیر اہل زبان اپنے منہ سے اس امتیاز کو ظاہر نہیں کر سکتا۔ اسی طرح بعض شاعروں نے جن کے آلات نطق الف اور عین کی صحیح سامی آواز پیدا کرنے میں قاصر تھے، الف کی طرح عین کو بھی گرا دیا ہے۔ مرکب افعال ایسے ایسے مرتب اور وضع کئے کہ اس بارے میں شاید کوئی زبان اردو کا مقابلہ کر سکتی ہو۔ مثال کے لئے ایک معمولی مصدر لکھنا کو لیجئے۔ ایک شخص دوسرے سے کہتا ہے، (۱) خط لکھو۔ (۲) خط لکھ دو۔ (۳) خط لکھ ڈالو۔ (۴) خط لکھ چکو۔ آپ ان چار جملوں کے معنی جانتے ہیں۔ ترکیب نے جو زور اور معنوی امتیاز فعل کو بخشا ہے، اس کو بھی محسوس کرتے ہیں۔ اردو کی لسانیاتی وقعت جو اسے اسلاف نے عطا کی، ایک اور واقعہ سے ثابت ہے۔ علما کے اس مجمع کے سامنے اس توجیہ کی ضرورت نہیں کہ ہمارا مجموعہ تعزیرات ہند شاید جسٹی نین کے ضابطہ قانون کے سوا، سیاسی قوانین میں سب سے مکمل بلکہ اکمل تسلیم کیا جاتا ہے۔ یورپ کے کئی ملکوں میں اس مجموعہ کو آگے رکھ کر ضابطے مدون کئے گئے۔ باوجود اس کے یہ مجموعہ بھی اردو کا مرہون منت ہوئے بغیر نہ رہ سکا۔ اور لارڈ مکالے جیسا وحید عصر اور بے بدل منشی اردو کے سامنے ہاتھ پھیلانے پر مجبور ہو گیا۔ یہ اشارہ ہے دفعہ ۵۰۸ کی تشریح الف کی جانب جس میں لفظ دھرنا، قدرے الحاقی تصرف کے ساتھ استعمال ہوا ہے۔ دھرنا دینا کے معنی آپ کو معلوم

ہیں جو ہیں۔ انہوں نے ماخذ کی پروانہ کر کے ماخوذ سے واسطہ رکھا، اور اسے اپنے مطلب کا بنالیا۔ چنانچہ عربی یا فارسی لفظوں کی جب اپنے قاعدے کے بموجب جمع بنانے لگے، تو حرف ثانی کی حرکت کو حذف کر دیا۔ محل کی جمع بنی محلوں، حائے حطی کی حرکت غائب، اسی طرح نظر کی جمع بنی نظروں نہ کہ نظروں۔ اگر انہوں نے فارسی اور عربی یا سنسکرت کے لغات کی اندھی تقلید کی ہوتی تو اردو کو یہ لغاتی تمول ہرگز نصیب نہ ہوتا۔ اب جو کوئی "ازاحۃ الاغلاط" یا" تصحیح اللغات" وغیرہ کا نام لے، تو سمجھ لو کہ وہ اردو کا اہل نہیں۔ صفات میں بھی ایسے مرکب وضع کئے کہ انسان حیران رہ جاتا ہے کہ کن الفاظ میں ان کے ذہن رسا اور جدت آفرینی کی توصیف کرے۔ سیتلا منہ داغ اور سیتا ستی کو ملاحظہ فرمائیے۔ اس مرکب توصیفی کو سیتا ستی کے معنوں میں لکھا گیا ہے، "ہندی مسلمان عورت۔" یعنی یہ مرکب مسلمان عورتوں کے استعمال سے خصوصیت رکھتا ہے۔ اس کے معنی ہیں، "عفیفہ بیوی زن، جس کے دامن پر نماز جائز ہو۔" یہ معنی وہ ہیں جو مسلمان مؤلف اس لغت کے سامنے لکھتا ہے۔ صفت نسبتی میں انہوں نے نہایت دلچسپ تصرف سے کام لیا۔ تاریخ فیروز شاہی آپ نے دیکھی ہے۔ یہ بھی جانتے ہیں کہ اس کا مصنف ضیا برنی ہے۔ جغرافیہ کے بڑے بڑے ماہر سے پوچھئے کہ برن کہاں واقع ہے۔ وہ سویٹزر لینڈ کے نقشے میں تو ایک برن آپ کو بتادے گا لیکن ہندوستان کے نقشے میں یہ مقام معدوم رہے گا۔ آپ جانتے ہیں کہ بلند شہر کا قدیم نام برن ہے۔ انہوں نے قصبہ کا نام تو بدل دیا مگر صفت نسبتی کو برنی رکھا، بلند شہری نہ بنایا۔ اس کا دوسرا رخ بھی دلچسپ ہے۔ آگرہ کا نام اکبر آباد نہ پڑ سکا۔ اکبر کے عہد کے قبل سے سب آج تک آگرہ ہی کہتے ہیں لیکن شاہ نظیر اکبر آبادی کہلاتے ہیں۔ دہلی شاہجہاں آباد تو بن گئی لیکن اس کے شاعر دہلوی ہی رہے۔ بات یہ ہے کہ ان کا تصرف مصلحت اور حس مشترک پر مبنی تھا، ضد اور استبداد پر نہیں اور ان کے

نظریے معقولیت پر مدون تھے۔ ذرا غور فرمایئے کہ ان بزرگوں کی ذہنیت کتنی دقیقہ رس اور نکتہ پرور ہوگی، اور ان کے تصرف لسانی کی قوت عمل کتنی زبردست ہوگی جو بخشنا، خریدنا اور آزمانا، بدلنا، فرمانا وغیرہ مصدر ترکہ میں چھوڑ گئے۔ مختصر یہ کہ اردو کے متقدمین نے اس کی تدوین و تنظیم میں جو مسالا ان کے سامنے تھا، اس سے بہترین کام لیا جس کی بدولت زبان کو مستقل اور قائم بالذات حیثیت حاصل ہو گئی۔ تصرف لسانی کے معنی صرف اپنانا نہیں بلکہ اپنا سا بنا لینا ہیں۔ آپ نے دیکھا عربی لفظ "بدل" کو لے کر بدلنا مصدر بنایا۔ اب اس کی، فعل کے ہر زمانے اور صیغے میں گردان ہو سکتی ہے۔ یہیں تک نہیں حاصل مصدر بنا "بدلی" تابع مہمل بھی اس کے ساتھ ملایا گیا۔ جیسے ادل بدل۔ مختصر یہ کہ اس کی وہی حیثیت ہو گئی جو آنا، جانا، کھانا، پینا کی تھی۔ انگریزی میں یہ عمل اب تک جاری ہے، اور یہ بھی ایک وجہ ہے کہ وہ زبان برابر ترقی کرتی رہی ہے۔ لوٹ انہوں نے ہمارے ہاں سے لیا، اور ایسا اپنا سا بنا لیا کہ فعل کی گردان میں ٹولو اور ٹولوٹ بالکل یکساں ہیں۔ چارلس ڈکنس جیسے مستند مصنف نے یہ لفظ استعمال کیا ہے اور پھر ہمارے لٹیرا کی جگہ لوٹر بنا لیا۔ حال ہی میں ایک لفظ انگریزی میں داخل ہوا ہے۔ ہڑتال سے انہوں نے ہڑتالسٹ بنایا، اور جمع کے لئے 'س' پر ایزاد کیا جیسا کہ انگریزی گریمر کا قاعدہ ہے۔ میرا مطلب تصرف سے یہ ہے۔ پچاس برس کا مشاہدہ اور تجربہ جو منظر ہمارے سامنے پیش کرتا ہے، حسرت ناک اور مایوس کرنے والا ہے۔ یہ دیکھ کر جی ڈوبتا ہے کہ اس نصف صدی کی مدت میں ہم نے اردو کی لغات میں کوئی ایزادی نہیں کی۔ یعنی اس بارے میں اردو کا ترکیبی فعل گویا معطل ہو گیا۔ چند اصطلاحیں جیسے "برقانا" وغیرہ ضرور وضع کی گئیں اور "بھروٹ" جیسے چند دیسی لفظ اردو میں ضرور لے لئے گئے ہیں لیکن یہ سب علم و فن کی اصطلاحیں ہیں۔ اور پھر یہ بھی دیکھنا ہے کہ ان کے وضع یا اختیار کرنے والوں کو کیا

کہا گیا۔ غیر زبانوں سے جو لفظ بلاضرورت بجنسہ اردو میں آئے، ان میں سے اکثر ناخواندہ مہمان کی طرح اردو کی سبھا میں اوپرے معلوم ہو رہے ہیں، اس ضمن میں آگے چل کر کچھ عرض کیا جائے گا۔ سیاسیات کی مانند لسانیات میں بھی سخت جان ہوا کرتے ہیں۔ یہ سخت جان ان سخت جانوں سے مختلف ہیں جن کی سوانح عمریاں غزل کے اشعار میں بکھانی جاتی ہیں۔ ان کا استبداد اور سخت گیری زبان کی ترقی اور توسیع کے مزاحم اور جانی دشمن ثابت ہوتے ہیں۔ ہر زبان ان حضرت سے تنگ ہے۔ کہاں اللہ بخشے، وہ بزرگ جن کا قول تھا برقع چونکہ ہماری زبان میں الف سے نکلتا ہے، اس لئے بجائے عین کے الف سے لکھنا چاہئے اور کہاں یہ حضرت جو تصرف لسانی کے نام سے بھویں تانتے ہیں۔ کہا جاتا ہے کہ اردو میں خود رفتہ نہیں بلکہ از خود رفتہ استعمال کرنا لازم ہے۔ جواب دیا گیا کہ 'سرگزشت' کی سر گذشت تو ذرا بیان فرمایئے۔ یہ اسی قسم کی موشگافی اور ماخذ پرستی ہے۔ جیسی انگریزی میں Reliable کے متعلق انگلستان کے ادبی سخت جانوں کی طرف سے ظہور میں آئی تھی، ذرا سنیئے بڑے لطف کی بحث ہے۔ اس لفظ کے معنی ہیں اعتبار کے قابل۔ اعتراض ہوا کہ ایک لفظ ٹرسٹ وردی Trustworthy پہلے موجود ہے تو پھر زبان کے نازک اندام پر اور بوجھ کیوں لادا جاتا ہے۔ اس کا شافی جواب ملا یعنی ثابت کر دیا کہ پرانا لفظ نئے لفظ کے نفس معنی کا حامل نہیں۔ تو ارشاد ہوا، چونکہ یہ نیا مرکب لفظ Rely سے بنا ہے اور اس فعل کے بعد التزاماً حرف جار On آیا کرتا ہے۔ اس واسطے اس مرکب کو Relionable کہو۔ سب جانتے ہیں جو حشر اس غلط استدلال کا ہوا۔ لفظ ریلیبل اس وقت انگریزی کے معتبر کلمات میں سے ہے۔ ارشاد ہوتا ہے کہ لفظ رہائش غلط ہے۔ اردو مصدر رہنا سے فارسی طریق پر حاصل مصدر بنالیا۔ معترض کی ناواقفیت پر ہنسی آتی ہے کہ اس نے اس لفظ کی تاریخ تحقیق کرنے کی زحمت نہ اٹھا کر اس کے اختراع کی تہمت ایک صوبہ

کے سر تھوپ دی، جو اس بارے میں قطعاً معصوم ہے۔ جاننا چاہئے کہ سید انشا نے بالکل معمولی طور پر ناچ، اکٹر وغیرہ کے ساتھ اس لفظ کو لکھا ہے۔ اس بے نظیر ادیب اور اہل نظر نقاد کے قلم سے پورب، پچھم، اتر، دکھن کوئی نہ بچا، اور مغل پورہ کی زبان اور لہجے پر تو بے پناہ حملے ہوئے ہیں۔ اگر یہ لفظ مغل پورہ کی جدت آفرینی یا بد مذاقی کا مولود ہوتا تو سید انشا اس کو ایک سادھارن لفظ کی طرح ہر گز نہ لکھ جاتے۔ ۳۱زبان کی قوت اشتقاق و اختراع اور سلیقہ ترکیب کا ذکر آگے آچکا ہے۔ یہاں چند مرکبات پیش کئے جاتے ہیں، جو اردو کی قوت حیات اور فعل ترکیبی کی صلاحیت کا بین ثبوت ہیں، ملاحظہ ہو، منہ پھٹ، ہتھ چھٹ، ہری چگ، نین موتنی، چمکو کھاؤ، لٹاؤ بڑ بڑیا، کچ پینڈیا، نکھٹو، تلوریا، گلچلا، کھاؤ، گھپ، لنگوٹیا یار، ہنس مکھ، گلچھرے، کٹھ پتلی، چم چچڑ، تل چاولی، گنگا جمنی، رونی شکل، ماما پختیاں، تھڑ دلا، گرہ کٹ، جیب کترا، کلے باز، شور بے چٹ، منہ زور، جوشیلا، دل لگی، کمر کس، اگن بوٹ، قبول صورت، ڈل مل یقین، ایماندار، درشنی جوان، بیکل، ٹکڑ گدا، گھنچکر وغیرہ وغیرہ۔ آپ نے دیکھا کہ تصرف و اختراع کے ہاتھ سے عربی، فارسی اور نیز سنسکرت کوئی زبان نہ بچی۔ ان الفاظ میں جو مرکبات ہیں، ان میں اسم اور فعل، اسم اور صفت، اسم اور اسم ہر قسم کے کلموں کو آپ شیر و شکر پائیں گے۔ ایسا اس وقت ہوتا ہے جب زبان کا بلوغ درجہ کمال پر ہو۔ بقول خواجہ آتش مغفور، یہ باتیں ہیں جب کی کہ آتش جواں تھا۔ میں کہتا ہوں کہ اردو کو آریہ زبان ہونے کے باوجود نہ سنسکرت کا حلقہ بگوش بنانا چاہیئے، نہ فارسی یا عربی کا دست نگر، علمی اصطلاحوں کا معاملہ دوسرا ہے جس کو بحث بنانے کا موقع نہیں۔ اس سے کس کو انکار ہو سکتا ہے کہ شعر کی زبان نثر کی زبان سے اور بول چال کی زبان علمی تصنیف کی زبان سے ممیز ہوا کرتی ہے۔ یہ کون کہتا ہے کہ فلسفہ مابعد طبعیات یا اسلوب تحلیلی کے نظریے پر باغ و بہار یا فسانہ آزاد کی زبان میں کتابیں

تصنیف ہونی چاہئیں۔ علمی زبان روز مرہ سے اسی طرح ما بہ الامتیاز بنی ہے جس طرح ڈریس سوٹ، رائڈنگ سوٹ سے کوئی صحیح حواس رکھنے والا شخص کھانے کی پوشاک پہن کر سواری کو نہیں نکلتا لیکن وہ سواری کی پوشاک پہن کر شام کی پوشاک کی ہولی بھی نہیں مناتا۔ یہ تمثیل میں آگے نہیں لے جاؤں گا۔ عہد حاضر کے ایک جید لسان یعنی عالم لسانیات کا قول ۴ ہے کہ تحریری، علمی زبان کی ہستی کو یخ کی اس پپڑی سے تشبیہ دے سکتے ہیں جو دریا کی سطح پر بن گئی ہو۔ یخ نے اپنے اجزائے ترکیبی دریا سے لئے، حقیقیت میں یہ کچھ نہیں سوائے اس کے کہ دریا کا پانی ہے، پھر بھی اسے دریا نہیں کہہ سکتے۔ ایک بچہ اسے دیکھ کر سمجھتا ہے کہ دریا نیست و نابود ہو گیا لیکن یہ صرف دھوکہ ہے۔ یخ کی پٹری کے نیچے پانی برابر بہہ رہا ہے یہ تمثیل جو فاضل وینڈر یاس نے دی، فرانسیسی زبان پر صادق آتی ہو گی، اردو پر عائد نہیں ہو سکتی۔ یہاں علمی تحریری زبان کو اس دریا سے تشبیہ نہیں دی جا سکتی، جس کی سطح جم کر یخ کی پپڑی بن گئی ہو۔ یخ کے کڑاڑے یا برفانی چٹان کو دریا نہیں کہہ سکتے حالانکہ تینوں کے وجود کی بنا پانی ہی پانی ہے۔ ممکن ہے کسی ذہن میں یہ سوال اٹھے کہ اگلے زمانہ میں علمی یا تحریری زبان کیا تھی یا تھی ہی نہیں؟ میں عرض کروں گا کہ تھی، نمونہ حاضر ہے۔ تار برقی کا سلسلہ صوبہ شمال مغربی یا زیادہ صحت کے ساتھ کہیئے، صوبہ آگرہ میں نیا نیا تھا۔ آج کل آپ تلغراف کو ترجیح دیں گے، اس زمانہ میں اسے ڈاک بجلی کا نام دیا گیا تھا۔ علمی زبان میں تار مخبر کہربائی کہتے تھے۔ فروری ۱۸۵۶ کا ذکر ہے، آگرہ میں ایک جلسہ ہوا جس میں ایک ہزار سے زیادہ رئیس اور شرفا جمع ہوئے۔ قاضی صفدر علی نے تار مخبر کہربائی کا تجربہ دکھاتے ہوئے ایک تقریر کی، جس کو اردو میں سائنٹیفک موضوع پر شاید اولین تقریر کہنا درست ہو گا۔ اس کا جستہ جستہ خلاصہ جسے آج کل کی زبان میں ملخص کہنا چاہیے، پیش کیا جاتا ہے۔ غالباً دلچسپی سے خالی نہ ہو گا۔ "صاحبو!

علم دو قسم کے ہیں، اول وہ جن کو انسان بدون مشاہدہ اور استعمال اجسام کے حاصل کر سکتا ہے، اس کو ریاضی کہتے ہیں۔ دوسرے وہ جس کا جاننا بغیر تجربہ کے نہیں ہو سکتا کیونکہ فرض کرو ایک شخص پیدا ہوا اور اس نے کچھ بھی گرم سرد زمانہ کا نہیں دیکھا۔ ایک اندھیرے کمرے میں رہتا ہے، تو وہ عقل سے ریاضی کے اصول دریافت کر سکتا ہے کہ ایک اور ایک دو ہوتے ہیں، مگر چونکہ اس نے اجساموں کے تجربے نہیں کئے۔ اس واسطے وہ نہیں جان سکتا کہ اگر پتھر کو پانی میں ڈالیں، تو وہ گھلے گا یا نہیں۔ وہ علم جو تجربہ پر منحصر ہیں ان کی قسموں میں سے ایک قسلم علم طبعی ہے۔ یہ علم بہت سے علموں کے واسطے حاوی ہے۔ چنانچہ منجملہ علوم طبعی کے ایک علم کہربائی ہے۔ کہربا ایک سیال لطیف ہے جو جہاں کے تمام اجساموں میں بہ مقادیر مختلفہ پھیلی ہوئی ہے اس کے چند اوصاف مخصوصہ ہیں جن سے حوادث عجیبیہ اور فوائد غریبہ سرزد ہوتے ہیں۔ یہ علم بذاتہ دو قسموں پر منقسم ہے اول وہ کہربا جو رگڑنے سے پیدا ہوتی ہے، دویم وہ کہربا جو چھونے سے پیدا ہوتی ہے۔" آپ نے تین چوتھائی صدی پہلے کی علمی زبان ملاحظہ فرمائی۔ یہ تو ہوئی بہتے دریا کی سطح پر برف کی پپڑی۔ آج کل کی زبان جیسی کچھ ہے، آپ جانتے ہیں۔ اس کو کہنا چاہئے انجماد خالص، صاحب زبان خواہ کسی نوع کے موضوع پر لکھے، وہ زبان کو یخ کے کڑاڑے اور برف کی چٹان کے نیچے دفن نہیں کرے گا۔ ترجموں کی زبان بھی اسی بھول بھلیاں میں چپر غٹو ہے۔ ایک بات اسی ضمن میں عرض کروں گا، ڈاکٹر نذیر احمد مرحوم نے تعزیرات ہند کا ترجمہ کیا اور اسی شان کا کیا جس شان کی اصل کتاب تھی۔ اس ترجمہ میں جہاں آپ کو استحصال بالجبر اور تخویف مجرمانہ جیسے اصطلاحی فقرے ملیں گے جو مرحوم کی دقت نظر اور اختراعی کمال کا ثبوت ہیں۔ ٹھیٹھ اردو کے مثالیں بھی ملیں گی جن کی اصطلاحی اہمیت قانون میں کسی لاطینی اصطلاح سے کم وقعی نہیں مثلاً "لے بھاگنا" اور "بھگا

لے جانا" وغیرہ۔ یہ وہی مرکب مصادر یا افعال کی طلسم کاری ہے جس کی طرف پہلے اشارہ ہو چکا ہے۔ وہ اردو کیا جب تک قاموس اور برہان، امر کوش اور شبد کلپدرم داہنے بائیں تشریف فرما نہ ہوں، ایک تحریر کا معنی مدعا سمجھ ہی میں نہ آ سکے۔ یہ تو ہوئی ایک بات اور میں ان مہربانوں کی خاطر سے کہہ دوں گا، اس کا مضائقہ ہی کیا ہے لیکن زبان کی بہبودی ان کی یا کسی کی خوشنودی پر فوقیت چاہتی ہے۔ میں اس موقع پر لسانیات کا نہایت وقیع اور مہتم بالشان اصول موضوعہ آپ کی توجہ کے لئے پیش کرنا چاہتا ہوں۔ وہ یہ ہے کہ جب کسی زبان کو دوسری زبانوں سے الفاظ یا مرکبات لینے کا لپکا پڑ جاتا ہے اور وہ انہیں بلاچوں وچرا یعنی اپنے طور پر تصرف کے بغیر استعمال کی عادی ہو جاتی ہے تو اس کی تصریفی قوت اختراعی قابلیت اور اشتقاقی اہلیت زائل ہو جاتی ہے۔ متاخرین اور ان سے بڑھ کر ہمارے معاصرین نے یہ نہ سوچا کہ وہ جو اور زبانوں کی لغات اندھا دھند لئے جاتے ہیں اس کا نتیجہ ان کی زبان کے حق میں کیا ہو گا۔ میں پھر کہتا ہوں کہ پچھلے پچاس برس میں اردو میں ایک لفظ، ایک مرکب یا ایک محاورہ بھی وضع یا اختراع نہیں ہوا۔ بزرگوں کی کمائی کہاں تک ساتھ دے گی، زبان کا تصریفی اور اشتقاقی عمل معطل ہو رہا ہے۔ یہی حالت رہی تو یاد رہے کہ یہ تعطل سقوط کی صورت پکڑ جائے گا اور اب سے دور ہماری زبان آئے دن بھیک کا کاسہ ہاتھ میں لئے اور زبانوں کے دروازے پر الکھ جگاتی پھرا کرے گی۔ مانگے تانگے کی خوش باشی اور قرض پر دھوم دھام کو تمول نہیں کہتے۔ اگلے موقع پر آپ کی خدمت میں عرض کیا گیا تھا کہ متکلم یا منشی کی اور سامع یا مخاطب کی باہم ذہنی قربت ہی روح فصاحت ہے۔ آج میں یہ گذارش کروں گا کہ یہ ذہنی قربت لسانی تربیت کی محتاج ہے۔ محض ابتدائی مدارس کو رہنے دیجئے اور مدارس ثانوی کے نصاب تعلیمی پر نظر ڈالئے تو آپ پر ظاہر ہو گا کہ ان مدارس کے لئے جو اردو نصاب مدون ہوتے ہیں، سائنٹفک نقطہ

نظر پر راجع نہیں ہوتے ہیں۔ فوراًیہ واضح کر دینا چاہتا ہوں کہ یہاں میر اروئے سخن دکن کے مدارس ثانوی کے اردو نصاب سے ہر گز نہیں۔ میر اتجربہ ہندوستان کے دوسرے حصوں تک محدود ہے لیکن یہ چونکہ اصولی امر ہے اس لئے اس کا تذکرہ ضروری سمجھا گیا۔ میں امید کرتا ہوں آپ میرے ہم خیال ہوں گے۔ اس بارے میں کہ جو بچے مدارس ثانوی میں داخل ہوتے ہیں ان کو فصیح و سلیس اردو میں تربیت کرنے کی ضرورت ہے۔اس میں بھی آپ کا اتفاق ہو گا کہ فصیح اور نکھار اردو میں اثر اور ترنم بھرا ہوا ہے۔ اصطلاح میں جسے روز مرہ کہتے ہیں، اس پر زور دینا مفید نہ ہو گا کیونکہ اس کے ساتھ صوبیت اور مقامیت تشریف لے آتے ہیں۔ بچے کے ذہن میں شروع سے ہی اختلاف اور تناقص کے جراثیم ڈال دینا اس کی آئندہ ادبی زندگی کے لئے سم قاتل کا حکم رکھتا ہے۔ان کو ایسی زبان میں تربیت کرنا چاہئے کہ وہ اپنے پڑوسیوں، اپنے شہر یا قصبے والوں کو اور ان لوگوں کو جو اردو سمجھتے اور جانتے ہیں، اپنا مطلب سمجھا سکیں۔ ابتدائی تعلیم میں نوخیز طلبا کی ذہنی تربیت کا خیال رکھنا نہایت اہم ہے۔یہ بھی یادرہے کہ ابتدائی عمر میں ابداع و اختراع کی اپج کمال کی ہوتی ہے۔ جنہوں نے بچوں کے کھیل کود اور ورزش کے مقاموں میں چند لمحے توجہ سے گزارے ہیں وہ تسلیم کریں گے کہ بچے آپس کی پھبتیوں، جوش و خروش کے مکالموں اور فی البدیہ تک بندیوں میں ایسی ایسی باتیں کہہ جاتے ہیں اور ایسی ایسی ترکیبیں گڑھ لیتے ہیں کہ آپ حیران رہ جاتے ہیں اور نہایت محظوظ ہوتے ہیں۔ اختراع کی یہ قوت اپنے وقت پر ہنسی کھیل سے منتقل ہو کر علم و فضل اور تحقیق و تفحص کے میدان میں مستعمل ہونی چاہئے، نہ کہ وہاں کی وہیں رہ جائے۔ اس لئے لازم ہے کہ ابتدائی اور ثانوی تعلیم ایسی اردو میں ہو کہ طلبا کے تخیل اور قوت اختراع کی یہ مزاحم نہ ٹھیرے۔ یہ تربیت جبھی ہو سکتی ہے کہ اردو الفاظ کے ٹھیٹھ معنی اور وضعی

مصرف کو ان کے ذہن نشیں کر دیا جائے اور جملہ کی ترکیب و انشا کا اصول ان کے لوح دل پر نقش ہو جائے۔ اسے کہنا چاہئے زبان متداولہ کی تعلیم۔ اس لسانی استعداد کے حاصل ہونے کے بعد ادب یعنی لٹریچر کی تعلیم کی نوبت آتی ہے۔ زبان سے متعلق بہت سے امور ایسے ہیں جنہیں متوسطین نے متنازعہ فیہ یا تصفیہ طلب چھوڑا، وہ ابھی تک لٹک رہے ہیں۔ ایک تذکیر و تانیث ہی کو لیجئے۔ میرا مطلب اس بارے میں اس اختلاف سے نہیں جو ایک مقام یا زمرے کو دوسرے مقام یا زمرے سے ہے۔ اس جگہ غیر ذی روح اسموں کی تذکیر و تانیث کا سوال نہیں اٹھایا جائے گا۔ میں کہ کہنے کو ہوں کہ ہماری بے بسی اور بے بضاعتی کتنی شرم کے قابل ہے کہ ہم ابھی تک یہ فیصلہ نہ کر سکے کہ جنسیت کے بارے میں کلمہ ربط کس کا متبع ہو۔ مبتدا کا یا خبر کا؟ ذوق اور غالب نے اس تنقیح کو جہاں جہاں چھوڑا تھا وہیں موجود ہے۔ وہ دونوں استاد جب اس کے تصفیہ میں قاصر رہے تو ہم میر فیصلی کہاں کے! ہمارا یہ انداز معلوم ہوتا ہے۔ ذوق مرحوم کا قول ہے، دریائے غم سے میرے گذرنے کے واسطے تیغ خمیدہ یار کی لوہے کا پل ہوا اس شعر میں کلمہ ربط جنسیت میں خبر کا متبع ہے۔ مرزا غالب کا ارشاد ہے، باغ میں مجھ کو نہ لیجا ورنہ میرے حال پر ہر گل تر تو ایک چشم خوں فشاں ہو جائے گا یہاں کلمہ ربط مبتدا کا تابع رکھا گیا ہے۔ اس ایک ادنیٰ مثال سے آپ قیاس کر سکتے ہیں کہ زبان کی یہ گڑبڑ کتنی منحوس ہے اور یہ آج تک شامت اعمال کی طرح ہمارے پیچھے پڑی ہوئی ہے۔ اس کے نتائج و عواقب کی شدت ثبوت کی محتاج نہیں۔ آپ دیکھتے ہیں، یہ وہ بات نہیں جو فرض کیجئے دہلی اور لکھنؤ یا پنجاب اور پٹنہ کے درمیان ایک امر تنقیح کا حکم رکھتی ہو۔ بلکہ یہ وہ امر ہے جو زبان کی یگانگی اور ہم آہنگی کا مدعی ہے۔ جب تک ایسے نقص ہم میں موجود ہیں اور جب تک یہ نامراد تشخص ذاتی سادھارن اور کار آمد انفرادیت کا رنگ پکڑ کر اپنے تئیں اجتماعیت میں جذب اور محو نہیں

کر دیتا ہماری زبان کا بس اللہ والی ہے۔ انگلستان تو اب انگریزی زبان کے بارے میں "امریکنزم، اور یانکی ازم یعنی امریکیت کو بھول گیا جس طرح پہلے سکاٹزم یعنی سکاٹیت کو بھول گیا تھا لیکن ہم اب تک وہی بے وقت کی راگنی الاپے جاتے ہیں۔ ہم کو یاد رکھنا چاہئے کہ ہم اردو کے واحد مالک نہیں بلکہ امین ہیں، وہ ایک ودیعت، ایک امانت ہے جو حفاظت اور ترقی کے لئے ہمیں سونپی گئی۔ وہ ایک جدی جائداد ہے جس کی ملکیت ہمیں پر ختم ہونے والی نہیں۔ ہمارا فرض ہے کہ ہم ماضی سے سبق لے کر اس کی موجودہ حالت کا صحیح موازنہ کریں اور اسے ایسا بنا جائیں کہ ہمارے بعد آنے والے ہم کو دعائے مغفرت سے یاد کریں۔ یاد رہے کہ ہم ماضی اور مستقبل کے درمیان ایک کڑی ہیں۔ اس سے زیادہ نہیں۔ اس لئے ہمارا فرض ہے کہ ذاتی پسند اور چاؤ چونپ کو اجتماعی مفاد پر قربان کر دیں۔ ہمارا مطمح نظر مستقبل اور آئندہ ضروریات ہوں نہ کہ ذاتی تشخص اور خود پسندی۔

حاشیے

(۱) میں نے اس حصہ ملک کو جو دریائے گنگا جمنا کے بیچ واقع ہے، دوآبہ گنجم نام دیا ہے۔

(۲) دیکھو ٹائمز آف انڈیا ہفتہ وار مطبوعہ ۲۵ جنوری ۱۹۳۱ء صفحہ ۱۹

(۳) رسالہ صبح امید، لکھنؤ بابت دسمبر ۱۹۱۹ء ص ۳، ۱۳ اور دریائے لطافت ص ۱۱۳۔

(۴) Venders, J. Language A-Linguistic Introduction to History , Paris University , p. 275

* * *

۱۳

غزل کا فن

آل احمد سرور

غزل کے سلسلے میں پہلے اپنے دو شعر پڑھنے کی اجازت چاہتا ہوں۔

غزل میں ذات بھی ہے اور کائنات بھی ہے
ہماری بات بھی ہے اور تمہاری بات بھی ہے
سرور اس کے اشارے داستانوں پر بھی بھاری ہیں
غزل میں جوہرِ اربابِ فن کی آزمائش ہے

یعنی غزل میں ذاتی واردات کا بیان تو ہے ہی اس کے ساتھ کائنات بھی ذات کے حوالے سے موجود ہے۔ اس کے علاوہ غزل کا آرٹ اشاروں کا آرٹ ہے اور یہ اشارے بڑی بڑی داستانوں کو اپنے اندر سموئے ہوئے ہیں۔

غزل کی بے پناہ مقبولیت کی وجہ سے کچھ لوگ اس حقیقت سے چشم پوشی کرنے لگے ہیں کہ غزل ساری شاعری نہیں ہے اور نہ غزل کو ساری شاعری کی آبرو کہہ کر دل خوش کر لینا مناسب ہے۔ ہاں یہ ضرور ہے کہ غزل ہماری شاعری کی ایک اہم اور قابل قدر صنف ہے اور ہر دور میں زندگی کے حقائق کی عکاسی اپنے مخصوص انداز اور اسلوب میں کرتی رہی ہے۔ اسی اسلوب کو تغزل کہا گیا ہے۔

غزل فن یا آرٹ ہے بھی یا نہیں، اس پہلو پر بھی بحث ہوئی ہے۔ حالی تو صنف غزل کے خلاف ہر گز نہیں تھے۔ وہ غزل میں اصلاح چاہتے تھے اور یہ اصلاح غزل کے موضوعات کے دائرے میں تھی۔ غزل کی ساخت اور ہیئت پر انھیں کوئی اعتراض نہیں تھا مگر غزل کی ہیئت اور ساخت پر وحید الدین سلیم، عظمت اللہ خاں، جوش ملیح آبادی اور کلیم الدین احمد کے اعتراضات بنیادی ہیں۔ ان لوگوں کا اعتراض غزل کی ریزہ خیالی اور ریزہ کاری پر ہے۔ ان کے نزدیک ہر فن پارے میں مضمون کا تسلسل ضروری ہے اور ابتداء، وسط اور تکمیل کا احساس بھی۔ غزل چونکہ منفرد اشعار کا ایک گلدستہ ہے اور اس کے فارم میں بھی ربط و تسلسل کی شرط نہیں ہے، اس لیے ان حضرات کے نزدیک غزل بے وقت کی راگنی ہے یا بقول کلیم الدین احمد نیم وحشیانہ شاعری۔

عظمت اللہ خاں نے تو یہاں تک کہہ دیا تھا کہ اردو شاعری کی ترقی صرف اس صورت میں ہو سکتی ہے کہ غزل کی گردن بے تکلف ماردی جائے۔ اس کے جواب میں ابو اللیث صدیقی اور دوسرے حضرات نے غزل کے اشعار میں تسلسل تلاش کرنے کی سعی کی تھی۔ اس سلسلے میں حامد حسن قادری کا رویہ زیادہ دیانت داری پر مبنی تھا۔ انھوں نے کہا تھا کہ غزل کے اشعار میں تسلسل قطعی ضروری نہیں ہے۔ غزل میں وحدت خیال کا سوال ہی نہیں ہے، ہاں وحدت تاثر ہو بھی سکتی ہے اور نہیں بھی۔ غزل کے حامیوں نے فن کے فطری نظریے سے متاثر ہو کر ہائیکو سے اس کا قرب دریافت کیا مگر ہائیکو میں دو مختلف تصویریں بالآخر ایک تیسرے نقش کے ذریعہ سے ایک مجموعی تاثر پیش کرتی ہیں۔

غزل کے سلسلے میں یہ بات تسلیم کر لینی چاہیے کہ مغربی نظریۂ فن کے مطابق یہ فن پارہ ہو یا نہ ہو، مشرقی نظریۂ فن کے مطابق یہ بھی فن کا ایک روپ ہے اور اس میں

بحر، قافیے اور ردیف کے ذریعہ سے ذہن کی ایک خاص رو، کیفیات کے ایک خاص آہنگ، جذبات کی ایک خاص لے، ایک مخصوص فضا کی آئینہ بندی کی جاتی ہے۔ بحر ایک بساط عطا کرتی ہے۔ قافیہ اس بساط کی سطح پر تکرار اور توقع کے اصول کو ملحوظ رکھتے ہوئے ذہن کو ایک روشنی اور روح کو ایک بالیدگی عطا کرتی ہے اور ردیف حالت یا زمانے یا شرط کے ذریعہ سے اسے چستی اور چابک دستی عطا کرتی ہے۔ پہلے اس پر غور کیجئے کہ غزل میں مطلع کیوں ہوتا ہے یعنی شعر کے دونوں مصرعوں میں قافیے کا استعمال کیوں ضروری ہے۔ میر کی مشہور غزل کے مطلع کو ذہن میں رکھیے۔

الٹی ہو گئیں سب تدبیریں، کچھ نہ دوا نے کام کیا
دیکھا اس بیماری دل نے آخر کام تمام کیا

اگر غزل مطلع سے شروع نہ ہو تو سننے والے یا پڑھنے والے کے ذہن کی تربیت ان خطوط پر نہیں ہو سکتی ہے جو غزل کا خاصہ ہیں۔ اس لیے قدما نے غزل کے لیے مطلع کی شرط لگائی ہے، خواہ یہ کمزور ہی کیوں ہوں۔ دوسری بات یہ ہے کہ اگرچہ بہت سے اساتذہ نے کئی مطلعوں کی غزل کہی ہے مگر یہ قطعی ضروری نہیں ہے کیونکہ پہلے مطلع کے بعد وہ صوتی نظام اور وہ موسیقی جو غزل کے ساتھ مخصوص ہے، سننے والے یا پڑھنے والے کے ذہن میں بس جاتی ہے۔ اس کے بعد دوسرے مصرعے کا قافیہ اس رو کو آگے بڑھانے کے لیے کافی ہے۔ وحید الدین سلیم اور دوسرے نقادوں نے اس بات پر زور دیا ہے کہ غزل کا شاعر قافیے کا غلام ہوتا ہے۔ وہ خیال کے مطابق قافیہ نہیں لاتا بلکہ قافیے کے مطابق خیال لاتا ہے۔ یہ بات بھی جزوی صداقت رکھتی ہے۔

بات یہ ہے کہ اساتذہ کی غزل زیادہ طویل نہیں ہوتی پھر اردو میں عربی کی طرح قوافی کافی تعداد میں مل جاتے ہیں اس لیے اچھا شاعر ہر قافیہ نظم نہیں کرتا بلکہ اپنے خیال

کے مطابق قافیے کا انتخاب کرتا ہے۔ اسیر لکھنوی کے متعلق کہا گیا ہے کہ وہ ہر قافیہ نظم کرنے کی کوشش کرتے تھے اور وجہ یہ دیتے تھے کہ شاید کسی وقت سند کی ضرورت پڑ جائے۔ یہ لغت نویسی کے لیے مفید ہو تو ہو شاعری کے لیے قطعی غیر ضروری ہے۔ چنانچہ قافیہ غزل کے فن میں بحر کے بعد مرکزی اہمیت رکھتا ہے مگر ہر قافیہ نظم کرنا غزل کے آداب کے منافی ہے۔

جہاں تک ردیف کا تعلق ہے، ردیف تین یا چار لفظوں سے زیادہ پر مشتمل نہیں ہونی چاہیے۔ شاہ نصیر کی غزلوں کو اسی لیے غزل کی شریعت میں کوئی اچھی جگہ نہیں دی گئی۔ بعض جدید شعرا کے یہاں لمبی ردیفیں، مثلاً منیر نیازی کے یہاں "تو میں نے دیکھا" یا جاں نثار کے یہاں "ہم نہ کہتے تھے" فضا بندی کے لحاظ سے گوارا ہیں مگر ردیف کو آدھے یا پونے مصرعے تک پھیلانا نہیں چاہیے۔

کہا جاتا ہے کہ روشنی کی رفتار ہموار بھی ہوتی ہے اور جست کی صورت میں بھی۔ غزل اس دوسری صورت کو اختیار کرتی ہے۔ فراق نے جب غزل کو انتہاؤں کا سلسلہ کہا تھا تو اسی معنی میں اور اس سے یہ بات بھی نکلتی ہے غزل کے سب اشعار یکساں معیار کے یا یکساں بلند نہیں ہوتے۔ اچھی غزلوں کا انتخاب اور چیز ہے اور غزل کے منتخب اشعار کا معاملہ دوسرا ہے۔ میر جیسے خدائے سخن کی غزلوں میں بھی بلند و پست کے نمونے ملیں گے۔ اس کی نفسیاتی توجیہ یہ کی جاسکتی ہے کہ بجلی جو کچھ وقفے سے چمکتی ہے زیادہ متاثر کرتی ہے۔ بھرتی کے اشعار غزل کے فن میں جائز ہیں۔ ان سے ہو کر ہی حالی کے الفاظ میں "حیرت ناک جلوؤں" پر نظر پڑتی ہے۔

غزل بہر حال زخمی غزال کی آہ یا تیر نیم کش یا محبوب سے بات کرنے کا نام ہے یعنی یہ عشقیہ اور غنائی شاعری ہے لیکن یہ عشق حقیقی بھی ہو سکتا ہے اور مجازی بھی۔ خدا سے

بھی محبوب سے بھی، کسی عقیدے یا کسی مسلک سے بھی یعنی مسئلہ نظارے کا نہیں کا نظر کا ہے۔ حسن کی مصوری بذات خود اہم نہیں، عاشق کے جذبے کی گرمی، سوز وگداز، کیفیت اور لطافت اہم ہے۔ غزل میں معاملہ بندی کو اہمیت دی گئی ہے اور جرأت اور مومن کی معاملہ بندی کو سراہا بھی گیا ہے مگر ہمیں میر کی یہ بات یاد رکھنی چاہیے جو انھوں نے جرأت سے کہی تھی کہ "میاں! تم شعر کہنا کیا جانو۔ اپنی چوما چاٹی کہہ لیا کرو۔" غزل میں معاملات کا کھلا کھلا بیان مستحسن نہیں۔ یہاں جنس اک شعلہ نہیں، جنس کی آنچ کافی ہے اور وہ بھی رمز وایما کے سہارے۔ اس لیے غالب کا یہ شعر غزل کا شعر ہے،

اسد بند قبائے یار ہے فردوس کا غنچہ
اگر وا ہو تو دکھلا دوں کہ اک عالم گلستاں ہے

اور یہ شعر اگرچہ مشہور ہے مگر غزل کا اچھا شعر نہیں، اسی لیے لوگ صرف دوسرا مصرعہ پڑھتے ہیں،

جبکہ بقول داغ

آنکھیں دکھلاتے ہو، جوبن تو دکھاؤ صاحب
وہ الگ باندھ کے رکھا ہے جو مال اچھا ہے

غزل اگرچہ مسلسل اشعار کا مجموعہ نہیں، متفرق اشعار کا گلدستہ ہے مگر قدما کے یہاں اکثر قطعہ بند اشعار ملتے ہیں۔ میر اور غالب کے یہاں ایسی قطعہ بند غزلوں کی تعداد خاصی ہے۔ اساتذہ کے یہاں اگرچہ دو غزلے بلکہ سہ غزلے بھی ملتے ہیں مگر طویل غزلیں کم ہیں۔ یہ اس کا ثبوت ہے کہ طویل غزل مستحسن نہیں کیونکہ ان میں قافیہ پیمائی زیادہ ہو جاتی ہے۔ معنی آفرینی کی گنجائش کم ہی نکل پاتی ہے۔ ایک مثالی غزل میں مطلع کے ساتھ مقطع بھی ضروری ہے اور یہاں شاعر کو بڑی آزادی ہے۔ اس میں شاعر تعلی

بھی کر سکتا ہے، اپنے حالات بھی بیان کر سکتا ہے اور کوئی خاص واقعہ بھی نظم کر سکتا ہے۔ چند مثالیں ملاحظہ ہوں،

ریختے کے تمھی استاد نہیں ہو غالبؔ
کہتے ہیں اگلے زمانے میں کوئی میر بھی تھا

غالبؔ گر اس سفر میں مجھے ساتھ لے چلیں
حج کا ثواب نذر کروں گا حضور کی

کوئی چھینٹا پڑے تو داغ کلکتے چلے جائیں
عظیم آباد میں ہم منتظر ساون کے بیٹھے ہیں

فانیؔ دکن میں آ کے یہ عقدہ کھلا کہ ہم
ہندوستان میں رہتے ہیں ہندوستان سے دور

روز ہو جاتی ہے رویا میں زیارت حسرتؔ
آستانِ شہ رزاق ہے زنداں کے قریب

اردو غزل پر فارسی کا اثر بہت گہرا ہے مگر یہ فارسی کا چربہ نہیں۔ یہ ہندوستانی تہذیب کا ایک جلوۂ صد رنگ ہے۔ چنانچہ اس میں لوک گیتوں کی روایت، ہندوستان کے موسم، تیوہار، رسم و رواج، مجلسی اور تمدنی زندگی کے کتنے ہی نقوش محفوظ ہو گئے ہیں۔ یہ اشعار دیکھیے،

لپٹ جاتے ہیں وہ بجلی کے ڈر سے
الٰہی یہ گھٹا دو دن تو برسے

باغباں کلیاں ہوں ہلکے رنگ کی
بھیجنا ہیں ایک کمسن کے لیے

عجب عالم ہے موج برق کے پہلو میں بادل کا
تری الٹی ہوئی سی آستیں معلوم ہوتی ہے

ننگِ محفل مرا زندہ، مرا مردہ بھاری
کون اٹھاتا ہے مجھے، کون بٹھاتا ہے مجھے

نہ صید کماں میں ہے، نہ صیاد مکیں میں
گوشے میں قفس کے مجھے آرام بہت ہے

غزل میں ساحل، طوفان، بھنور، قفس، آشیاں، رند محتسب، صیاد کے تلازموں پر بہت سے اعتراضات کیے گئے ہیں۔ خواجہ منظور حسین نے اپنی کتاب اردو غزل کا خارجی روپ بہروپ میں واضح کیا ہے کہ ہماری سماجی اور سیاسی زندگی کے ہر موڑ اور ہر کروٹ کی تصویر ان تلازمات میں بھی مل جاتی ہے۔ فیض کی غزل میں زیادہ تر تلازمات، اشارات اور رموز پرانے ہیں مگر ان کے نئے مفاہیم ذہن فوراً قبول کر لیتا ہے۔ اس سے یہ بات واضح ہوتی ہے کہ دراصل رموز وایما اور علائم کبھی پرانے نہیں ہوتے، ہاں ان کے استعمال میں کاری گری یا صناعی کے بجائے جذبے یا کیفیت کی کار فرمائی ہونی چاہیے۔ حالی نے مقدمے میں یہ صحیح مشورہ دیا تھا کہ اساتذہ کے کلام پر نظر ہونی چاہیے اور فیض نے اپنی تنقیدوں میں جابجا اس کی طرف اشارہ کیا ہے کہ انھوں نے سودا اور دوسرے اساتذہ سے فن کے کتنے اسرار و رموز سیکھے۔

غزل کا فن روانی اور شیرینی چاہتا ہے لیکن اس کے یہ معنی نہیں کہ شاعر ذوق کی طرح صرف سوئے ہوئے استعاروں یا محاوروں پر تکیہ کرے۔ نسخہ حمیدیہ کے غالب نے اس لیے ذوق کی پنچایتی شاعری سے روگردانی کی، اور فکر کی جولانی کے لیے فارسی تراکیب

کا سہارا لیا، تاکہ وہ اپنے آئینے کو مانجھنے اور معنی کی صورت دکھانے کے لیے دیوان غالب تک پہنچ سکے۔ اقبال کو بھی یہی کرنا پڑا لیکن اہم بات یہ ہے کہ غالب کی طرح اقبال نے بھی غزل کو گنجینۂ معنی کا طلسم بنایا۔ اقبال نے اگرچہ یہ کہا کہ غزل کی نہ کوئی زبان ہے نہ وہ زبان سے باخبر ہیں مگر انھوں نے غزل کے سارے آداب برتے۔ ہاں، ان کا یہ اضافہ قابل ذکر ہے، ان کے یہاں بال جبریل سے غیر مردف غزلوں کی تعداد بڑھتی جاتی ہے۔ یہاں تک کہ ارمغان حجاز کے اردو حصے میں جو غزلیں ہیں، وہ سب کی سب غیر مردف ہیں۔

غزل اردو کے سبھی شعراء نے لکھی، مگر جنھوں نے صرف غزل لکھی انھیں یک فنا کہا گیا۔ اردو غزل میں اہم نام ولی، میر، مصحفی، آتش، غالب، مومن، داغ، اقبال، حسرت، فانی، یگانہ، اصغر، جگر، فراق، فیض، ناصر کاظمی کے ہیں۔ اس فہرست میں اضافہ بھی کیا جاسکتا ہے۔

غزل میں تصوف، فلسفہ، اخلاق، سیاست سبھی سے کام لیا گیا ہے جو ممتاز صوفی تھے، ان کا متصوفانہ کلام اکثر غزل کی لطافت نہیں رکھتا لیکن آتش اور غالب باقاعدہ صوفی نہ تھے مگر صوفیانہ کیفیات کا بیان ان کے یہاں شاعری اس لیے بن گیا کہ وہ بڑے شاعر تھے۔ ناسخ اخلاق نظم کرتے ہیں۔ استاد فن ہیں مگر غزل کے اچھے شاعر نہیں۔ حالی کی جدید غزلیں ان کی قدیم غزلوں سے کمزور ہیں۔ فیض کی غزل میں سیاسی مضامین کی فراوانی ہے مگر انھوں نے غزل کے آداب کو برتا ہے اس لیے ان کی اہمیت مسلم ہے۔ اقبال کی وہ غزلیں جو بال جبریل اور ضرب کلیم میں ملتی ہیں، اکثر غزل کی زبان اور غزل کے انداز بیان کے مطابق ہیں مگر کہیں کہیں فلسفہ زیادہ ہے اور شعریت کم۔ اقبال کو اپنا پیام کچھ زیادہ ہی عزیز تھا۔

غزل کہنا نہایت آسان ہے اور بہت مشکل بھی۔ میرے نزدیک مشاعروں کی مقررہ طرحوں سے غزل کو فائدہ بھی ہوا اور نقصان بھی۔ فائدہ تو یہ ہوا کہ قید کی حد میں آزادی کی حد بڑھانے کا رواج ہوا اور نقصان یہ کہ غزلیں صرف ذاتی واردات نہ رہیں، مجلس آداب واسالیب کی آئینہ دار بھی ہو گئیں، اس لیے جدید غزل میں طرحی غزلوں کی کمی ایک اچھا میلان ہے۔ ہاں اساتذہ کی زمینوں میں غزلیں برابر کہی جائیں گی۔

غزل بہر حال اپنی ہیئت کی وجہ سے پہچانی جاتی ہے۔ اس لیے آزاد غزل جیسے تجربوں کا کوئی جواز نہیں۔ اس کی زبان میں جو خاموش تبدیلی ہوئی ہے، وہ اس کا ثبوت ہے کہ وہ ہر دور کی حسیت اور مزاج کی عکاسی کر سکتی ہے مگر یہ ہے اشارے کا آرٹ۔ غزل وہ نگار خانہ ہے جو

MINIATURE PAINTING

سے آراستہ ہے۔ آج ہندوستان کی دوسری زبانوں میں غزل کی مقبولیت کی وجہ سے یہ سمجھنا چاہیے کہ غزل میں سب کچھ ہے۔ آج کا دور کسی منظم فلسفے، کسی مرتب فکر کے ریاض کے بجائے فوری کیفیات کے بیان کو ترجیح دیتا ہے کیونکہ یہ شعور کی رو کا زیادہ خوگر ہو گیا ہے۔ یہ اپنی جگہ درست ہے مگر صراحت، وضاحت، ربط و تسلسل کی اہمیت اپنی جگہ ہے۔ اس لیے غزل اپنے طور پر زندگی کی واردات اور کیفیات پیش کرتی رہے گی۔ اس کی زبان میں خاموش تبدیلی ہوتی رہے گی مگر اس کی ایمائی صلاحیت اور دروں بینی کی خصوصیت باقی رہے گی۔ ہاں اس کا تغزل نظم پر بھی اثر کرتا رہے گا۔

سوچنے کی بات ہے کہ جدید فارسی میں غزل کوئی اہمیت نہیں رکھتی۔ وہاں ماضی سے رشتہ کٹ گیا، یہ رشتہ باقی رہنا چاہیے، مگر فن کے صرف اسی اسلوب اور اسی روپ کو خلاصۂ کائنات نہیں سمجھنا چاہیے۔ شیوۂ بتاں کی طرح فن کے بھی بہت سے دریچے

ہیں۔ ہاں غزل کا دریچہ اب بھی حیات و کائنات کے ان گنت جلوے دکھا سکتا ہے۔

چند اور باتوں کی طرف اشارہ ضروری ہے۔ غزل کی زبان کا غزل کے فن سے گہرا تعلق ہے۔ اس زبان میں روانی، شیرینی، بے ساختگی (جو خاصے ریاض کا ثمرہ ہو سکتی ہے) ضروری ہے۔ موضوع کی رعایت سے الفاظ کا انتخاب ہوتا ہے لیکن یہ کہنا صحیح نہ ہوگا کہ غزل میں عجمی لے کی اہمیت نغمۂ ہندی سے زیادہ ہے یعنی اچھی غزل وہ ہے جس میں ہندی الفاظ زیادہ ہوں، فارسی تراکیب کی گنجائش بھی ہے، مگر اسی حد تک جس حد تک میر نے اپنے کلام میں یا غالب نے دیوان غالب (نہ کہ نسخۂ حمیدیہ والے اشعار میں) استعمال کی ہیں۔ اس معاملے میں اقبال کے اجتہاد کو تسلیم کرتے ہوئے بھی، انھیں سند نہیں سمجھنا چاہیے۔ اسی طرح آرزو لکھنوی کی غزلیں، غزل کا اچھا نمونہ ہیں مگر فارسی اضافتوں کو ترک کرنا یا ہندی الفاظ سے پرہیز کرنا دونوں انتہا پسندی کی مثالیں ہیں۔ یہاں میر کے اس شعر پر غور کیجئے،

کچھ نہ دیکھا پھر بجز یک شعلۂ پر پیچ و تاب
شمع تک تو ہم نے دیکھا تھا کہ پروانہ گیا

پہلے مصرعے کا تقریباً نصف حصہ بجز یک شعلہ پر پیچ و تاب، دوسرے مصرعے کی سادگی اور روانی کی وجہ سے کھٹکتا ہی نہیں۔ میر سوز نے فارسی تراکیب سے اجتناب کیا، میر نے انھیں سلیقے سے برتا، آرزو نے فارسی تراکیب سے احتراز کیا۔ یگانہ نے حسب موقع ان سے کام لیا۔ یہی بات دونوں کی شاعری کا درجہ متعین کرنے میں معاون ہے۔

اساتذہ کے یہاں دیوان کی حروف تہجی کے اعتبار سے ترتیب شاعرانہ لحاظ سے قابل قدر نہیں، اس لیے دور حاضر میں اس کی پابندی ضروری نہیں سمجھی جاتی۔ کلام کی تاریخی ترتیب سے بہر حال شاعر کے فن کا ارتقا تو ظاہر ہوتا ہے۔ وہ غزلیں جن کے آخر میں کوئی

مصوتہ آتا ہے ایک گونج پیدا کرتی ہیں اور ذہین دیر تک ان اصوات کے مزے لیتا ہے۔ ضروری ہے کہ غزل گائی جاسکے۔ یہ ہر حال میں غنائی شاعری ہے، گو اس صنف میں ہر موضوع پر غزل کے آداب کے مطابق اظہار خیال ہو سکتا ہے، اس کا کنایاتی در وبست، اس کا ابہام، اس کی پہلوداری، اس کی خوبیاں ہیں، خامیاں نہیں۔ سیماب نے غلط نہیں کہا ہے،

کہانی میری روداد جہاں معلوم ہوتی ہے
جو سنتا ہے اسی کی داستاں معلوم ہوتی ہے

* * *